L'immigration en France

GUY LE MOIGNE
Ancien élève de l'Ecole Nationale d'Administration

Deuxième édition mise à jour
14e mille

ISBN 2 13 043538 6

Dépôt légal — 1re édition : 1986
2e édition mise à jour : 1991, février

108, boulevard Saint-Germain, 75006 Paris

INTRODUCTION

Les différents problèmes que pose l'immigration ont pris au cours des dernières années une particulière importance : pour le gouvernement, attentif à maîtriser les flux migratoires, à faciliter l'insertion des étrangers qui vivent en France et à lutter contre les trafics de main-d'œuvre et le travail clandestin. Pour l'opinion publique, de plus en plus sensibilisée à ces questions par un débat politique qui ne clarifie pas toujours un sujet sur lequel le citoyen peut difficilement se faire une idée précise.

S'il existe de nombreux ouvrages sur l'immigration, dont certains sont de grande qualité, il n'en est pas moins difficile de trouver sur ce sujet une information simple, claire et objective tant la documentation disponible est volumineuse, tout en étant partielle, et souvent tendancieuse.

Ce livre n'a d'autre ambition que de répondre, sans parti pris, aux questions les plus fréquemment posées : Qui sont les immigrés ? Combien sont-ils ? Quel est leur statut ? Quelle politique est mise en œuvre à leur égard ? A ce titre, il s'adresse à tous ceux qu'intéressent ces problèmes, en particulier aux étudiants et aux enseignants, auxquels il apporte les principales données sur l'immigration, mais également aux immigrés eux-mêmes, qui y trouveront l'essentiel des dispositions qui leur sont applicables.

La première édition de cet ouvrage (octobre 1986), analysait une réglementation mise en place pour une part importante par le premier gouvernement socialiste. Depuis, la France a connu un double changement de gouvernement, la droite revenant au pouvoir en 1986, et la gauche en 1988.

Cependant, quel que soit le gouvernement en place, la marge de manœuvre est étroite, la maîtrise des flux migratoires, l'intégration des immigrés en situation régulière et la lutte contre l'immigration clandestine étant les trois axes incontournables de toute politique responsable. Mais paradoxalement, l'immigration n'en a pas moins été un thème fort des campagnes électorales, et le domaine privilégié des débats parlementaires.

Après la loi « Pasqua », la loi « Joxe » a modifié le régime applicable au séjour des étrangers qui vivent en France.

Conscients cependant de l'inanité de leurs querelles sur le sujet de l'immigration, gauche et droite semblent désireuses, au moment où paraît cette seconde édition, de rechercher en certain consensus.

Puissent les informations contenues dans cette brochure y gagner une certaine pérennité.

PREMIÈRE PARTIE

LES DONNÉES DE L'IMMIGRATION

CHAPITRE PREMIER

LES GRANDES ÉTAPES DE L'IMMIGRATION (1)

I. — Des origines à 1946

1. **Avant 1851 : l'immigration de voisinage.** — Jusqu'en 1851, l'immigration a été un phénomène naturel et de voisinage, facilité par l'identité des tempéraments et des modes de vie entre Français et étrangers vivant de part et d'autre de frontières incertaines ; ainsi les Belges franchissent la frontière du Nord et des Ardennes, les Allemands et les Suisses celle de l'Est, les Italiens celle du Sud-Est ; les Espagnols apparaissent dans le Roussillon et le Pays Basque, tandis que les Anglais commencent l'invasion pacifique des côtes de la Manche. Seule exception : les Polonais qui, partis, de plus loin, s'enfoncent directement jusque dans les Charentes, en passant par la Marne. Non seulement cette immigration reste frontalière, mais elle épouse les obstacles sans les franchir : les Vosges, le Jura, les Basses-Alpes et les Pyrénées retardent la progression des étrangers, alors que les plaines du

(1) Sur l'histoire de l'immigration, voir G. Tapinos, L'Immigration étrangère en France, 1946-1973, Paris, PUF, 1975.

Nord la facilitent. Des grandes villes comme Marseille, Lyon et Paris sont déjà des pôles d'attraction.

2. **De 1851 à 1931 :** une progression constante. — Avec le recensement de 1851 et le premier comptage des étrangers cesse l'incertitude antérieure sur leur nombre. A cette date ils sont 381 000 dont 128 000 Belges, 30 000 Espagnols, 63 000 Italiens, 25 000 Suisses et 135 000 divers. Dès lors, leurs effectifs ne feront qu'augmenter au fil des recensements, encore que le nombre important des naturalisations réduise la part effective occupée par les étrangers ou par des personnes d'origine étrangère, mais française de naissance, dans la population globale. Le premier million est atteint en 1881 ; en 1921 ils sont 1 532 000, en 1926 2 405 000 et en 1931 2 715 000 avec un pourcentage de la population totale (6,58 %) égal à celui d'aujourd'hui. Dominent alors les Italiens (808 000), les Polonais (508 000), les Espagnols (352 000) et les Belges (254 000). Depuis 1921 sont apparues des nationalités nouvelles : Portugais et Africains.

C'est dans cette période que se dessinent les caractéristiques de l'immigration française : conséquence à la fois du ralentissement de l'accroissement naturel de la population et de l'essor économique du pays, elle est le fait d'hommes jeunes, salariés pour la plupart, qui viennent occuper les emplois en expansion ou délaissés par les Français. Aussi les trouve-t-on dans l'agriculture, les carrières, les mines de charbon et de fer, le bâtiment et le terrassement, la métallurgie et les emplois domestiques. C'est aussi à cette époque que l'on voit se dessiner les premières tentatives d'organisation de l'immigration, soit du fait d'organismes privés : Fédération des Sociétés agricoles du Nord-Ouest ; Houillères du Nord et du Pas-de-Calais pour les mineurs polonais, Comité des Forges de Meurthe-et-Moselle pour les Italiens, Société générale d'Immigration créée en 1924 ; soit du fait de l'Etat qui à partir de 1916 prend en charge le recrutement de certains migrants (Grecs, Portugais et Espagnols) et qui, par le décret du 2 avril 1917 crée pour la première fois, une carte de séjour pour les étrangers.

3. **De 1931 à 1946 : Le reflux.** — Ni la première guerre mondiale, ni la crise de 1921 n'ont freiné l'immigration qui au contraire, du fait des besoins nés de la reconstruction et de la prospérité économique, a atteint des proportions spectaculaires, la présence étrangère en France s'accroissant de 1 million en dix ans entre 1921 et 1931. En revanche, la crise de 1931 et la guerre de 1939 entraîneront un reflux important. Avec la crise de 1931 apparaissent,

les premières dispositions prises par les pouvoirs publics pour ralentir l'entrée des travailleurs étrangers, et encourager les départs, notamment de ceux qui sont au chômage, par une assistance financière. La loi du 10 août 1932 destinée à protéger la main-d'œuvre nationale pose le principe de la limitation des effectifs étrangers dans chaque secteur. L'afflux des réfugiés espagnols à la veille de la guerre ne compense pas la diminution de la population étrangère qui, ramenée à 2 158 000 en 1936, tombe à 1 744 000 en 1946.

II. — De 1946 à nos jours

1. **L'impératif migratoire au lendemain de la guerre.** — La guerre laisse la France exsangue. L'économie est à reconstruire alors que la diminution de la population française est d'environ 1 million de personnes. L'immigration est donc une nécessité évidente sur laquelle tout le monde s'accorde. En revanche, des divergences apparaissent sur l'évaluation des besoins. Pour l'INED, l'estimation varie selon les hypothèses de calcul, de 5,5 millions à 14,4 millions de personnes. Le commissariat au Plan, créé en 1946, estime de 1 à 1,5 million le nombre des ouvriers étrangers susceptibles de s'établir en France sur cinq ans. La Commission de la Main-d'Œuvre préconise quant à elle l'entrée de 500 000 travailleurs étrangers, dont 250 000 en 1947 et, sur 18 mois, 430 000 personnes avec les Algériens. Si l'immigration est souhaitable, elle doit être maîtrisée : l'ordonnance du 2 novembre 1945 définit les conditions d'entrée et de séjour en France des étrangers et crée l'Office national d'Immigration auquel l'Etat confie le monopole des opérations de recrutement des travailleurs, ainsi que l'organisation du regroupement des familles.

2. **L'échec de l'immigration organisée.** — De 1946 à 1982 et malgré l'arrêt officiel de l'immigration

en 1974 le nombre des étrangers n'a cessé de s'accroître comme en témoignent les résultats des recensements : 1946 : 1 744 000 ; 1954 : 1 765 000 ; 1962 : 2 170 000 ; 1968 : 2 621 000 ; 1975 : 3 442 000 ; 1982 : 3 680 000. Cependant, l'évolution de l'immigration pendant cette période a été fluctuante et complexe, obéissant à la fois à des facteurs conjoncturels et à des mouvements structurels plus profonds.

A) *De 1946 à 1956 l'échec d'une immigration maîtrisée.* — Les différents organismes qui ont à connaître des problèmes de l'immigration : Commission interministérielle de Peuplement et d'Assimilation, Commission nationale de la Main-d'Œuvre et Commission interministérielle de l'Immigration se fixent des objectifs quantitatifs et qualitatifs : de 1946 à la fin 1947, les entrées doivent toucher 430 000 personnes. L'effort sera concentré sur l'Italie (accord du 22 février 1946) même si des accords avec les Hauts Commissariats britannique et américain, ainsi qu'avec l'Organisation internationale des Réfugiés visent à diversifier les nationalités accueillies. Le résultat sera bien différent : il n'y aura sur cette période que 100 000 entrées comptabilisées par l'ONI, les Algériens qui bénéficient de la libre circulation l'emportant sur les Italiens. En revanche, l'immigration saisonnière est importante et touche 175 000 travailleurs de 1950 à 1955. A partir de 1950, et malgré la réaffirmation des besoins importants de l'économie, l'immigration restera à un niveau très bas, sauf pour les Algériens dont le solde net entre 1950 et 1955 est de 155 000. L'ONI, dont les missions pourtant ont été précisées par un décret du 20 septembre 1948, n'aura pas le rôle qui en était attendu : les procédures d'introduction sont lourdes, l'accueil notamment des familles est négligé, les problèmes de logement non résolus ; la main-d'œuvre clandestine apparaît sur le marché du travail ; conséquence : l'image des étrangers est mauvaise dans l'opinion publique, comme l'attestent deux sondages de 1947 et 1948.

B) *L'essor de l'immigration de 1956 à 1965.* — Cette décennie caractérisée par une transformation profonde des conditions du marché du travail, la guerre d'Algérie, la reprise économique et la modification du contexte international est marquée par une grande fluctuation des flux migratoires. De 1955 à 1961 le solde de l'immigration algérienne tombe à 11 300 par an, tandis que l'ONI introduit ou régularise 432 000 travailleurs permanents parmi lesquels les Espagnols, mais aussi les Marocains et les Portugais progressent au détriment des Italiens. Ces chiffres, très éloignés des prévisions du Plan, prouvent que les flux migratoires échappent aux pouvoirs publics, et au contrôle de l'ONI qui régularise les entrées *a posteriori*. A partir de 1962, la fin de la guerre d'Algérie qui entraîne le retour des militaires du contingent et l'arrivée massive des rapatriés provoque un accroissement exceptionnel de la population active nationale. L'immigration étrangère, loin de décroître ou de se stabiliser, connaît au cours de la même période un niveau jamais atteint par le passé. Au total, sur la période 1962-1965, l'immigration nette effective s'est élevée à 718 000 personnes actives dont 324 000 rapatriés, 283 000 étrangers ONI et 111 000 Algériens, l'ONI introduisant plus d'un demi million de travailleurs permanents en quatre ans. Au demeurant, cette immigration se modifie dans ses structures et se diversifie dans ses sources : c'est l'époque du recul de l'immigration italienne, de l'essor des immigrations espagnole (surtout familiale), et portugaise (qui passe de 20 000 en 1959 à plus de 200 000 en 1965), de la reprise des immigrations marocaine et algérienne et de l'apparition d'une immigration africaine noire. Au total, pour cette décennie, la population étrangère et algérienne s'est accrue d'environ 1 million de personnes, le nombre d'étrangers résidant en France (hors Algériens) atteignant 2 300 000 personnes. Cependant, cette extension s'est faite dans l'anarchie, le taux de régularisation par l'ONI atteignant 79 % en 1965. La prise de conscience par les pouvoirs publics de cette situation allait les amener à réagir par un élargissement du champ d'intervention de l'ONI, par un contrôle de l'immigration algérienne et africaine noire, et par l'extension de l'effort d'insertion du Fonds d'Action sociale.

C) *Du contrôle à l'arrêt de l'immigration (1966-1974).* — Comme celle qui la précède, cette période se caractérise par un niveau élevé de l'immigration puisque, sur les six premières années, l'ONI enregistre en moyenne 170 000 entrées, travailleurs et membres de leur famille, le solde net s'établissant à 901 000 personnes, dont 210 000 Algériens. Mais cette augmentation n'est pas linéaire : après un ralentissement entre 1966 et 1968, l'immigration marque une reprise très sensible de 1969 à 1970, pour chuter brutalement à partir de 1971. Des régimes particuliers apparaissent : pour les travailleurs de la CEE qui bénéficient, à partir d'octobre 1968, de la libre circulation, et pour les Algériens, pour lesquels l'accord signé à Alger le 27 décembre 1968 crée le certificat de résidence, à la fois titre de séjour et carte de travail, mais contingente les entrées. Enfin, si l'essor de l'immigration portugaise se confirme avec plus de

88 000 entrées en 1970, les immigrations marocaine, tunisienne et turque attestent de la diversification des sources de recrutement.

Mais cette période est surtout marquée par le contrôle accru de l'Etat sur le processus migratoire. Une circulaire du ministère des Affaires sociales du 29 juillet 1968 restreint la pratique des régularisations dont le taux n'a cessé de croître pour atteindre cette même année 82 %. La circulaire du 23 février 1972, va beaucoup plus loin en revenant au régime général défini en 1945 et en subordonnant la politique d'immigration à la situation de l'emploi. Des circulaires complémentaires confirmeront le retour aux ordonnances de 1945 et l'interdiction des régularisations. Cette politique s'avérera efficace puisque le taux de régularisation retombera à 44,03 % en 1972. Par un arrêt du 13 janvier 1975, le Conseil d'Etat annulera la circulaire de février 1972. Mais cette décision sera de peu d'effet sur les procédures migratoires puisque entre-temps, le gouvernement a, en juillet 1974, suspendu l'immigration.

CHAPITRE II

LA PRÉSENCE ÉTRANGÈRE EN FRANCE

I. — Le problème du nombre des étrangers

1. **Les divergences d'appréciation.** — Les étrangers, combien sont-ils ? — Dans un pays où existent des instruments statistiques de qualité, cette question devrait pouvoir recevoir une réponse objective et incontestée. Pourtant, le problème du nombre des immigrés subit les perversions du débat passionnel qui entoure l'immigration, et des chiffres parfois avancés, nés d'amalgames rien moins qu'innocents, sont des plus fantaisistes. L'absence d'un instrument adapté de comptage intercensitaire explique pour partie les incertitudes qui peuvent alimenter ce débat. En effet, entre deux recensements, l'évaluation de la présence étrangère en France résulte de l'exploitation par le ministère de l'Intérieur des titres de séjour accordés aux étrangers. Or, cette exploitation est tout à fait aléatoire, les étrangers qui quittent définitivement la France n'étant pas contraints de rendre leur titre de séjour aux autorités de police (1). Rien

(1) Sauf s'ils bénéficient de l'aide publique à la réinsertion (cf. *infra*).

d'étonnant dans ces conditions que le ministère de l'Intérieur ait évalué le nombre des étrangers à 4 223 928 au 31 décembre 1981, alors que le recensement de la population du 7 mars 1982 en a comptabilisés 3 680 100, soit un écart de 543 828. Ce flou statistique ne justifie pas pour autant que de pseudos experts évaluent le nombre des étrangers à 6 millions. Le recensement de 1982 a heureusement apporté, quant à la présence étrangère en France, des données objectives et peu contestables. Il a donné lieu à un fascicule particulier sur les étrangers, dont sont extraites les informations qui suivent (2).

2. **Le recensement de 1982.** — Les étrangers recensés sont ceux qui vivent de façon habituelle en France métropolitaine : travailleurs permanents et membres de leur famille, étudiants, stagiaires, etc. Ne sont pas recensés les touristes, les travailleurs saisonniers ou toute autre personne faisant en France un séjour de courte durée.

Dans les résultats fournis par les recensements de la population, sont classés comme étrangers les habitants qui se sont déclarés comme tels à la question nº 6 du bulletin individuel *(Nationalité)*. S'agissant d'une personne née hors de France, la nationalité ainsi déclarée correspond vraisemblablement à celle figurant sur son titre d'identité ou son titre de séjour. S'agissant d'une personne née en France de parent(s) étranger(s), elle peut s'être déclarée étrangère alors que, vis-à-vis du Code de la Nationalité française, elle est française ou, inversement, s'être déclarée française alors que la législation en vigueur ne lui

(2) Nº 6 de la collection « Migrations et Sociétés » éditée par la Documentation française sous l'égide du ministère des Affaires sociales, Série « Boulier RP 82/5 ».

reconnaît pas cette qualité. Si elle est adulte, sa nationalité sera déterminée à l'occasion d'un acte de sa vie civile (demande d'inscription sur une liste électorale, demande de passeport, service national, etc.). Un enfant vivra le plus souvent avec une nationalité déclarée par ses parents (à l'école, au recensement, etc.), qui peuvent ignorer s'il a ou non la qualité de Français (3). Le Code est relativement complexe et il n'est pas question de l'exposer ici. On n'indiquera que quelques cas parmi les plus fréquents :

— Est français par filiation tout enfant, légitime ou naturel, dont l'un des parents au moins est français (4) (ce qui revient à dire que tous les enfants de couples dits « mixtes » sont français) ;
— Est français par la naissance en France tout enfant, légitime ou naturel, né en France lorsque l'un de ses parents au moins y est lui-même né, avec la faculté de répudier cette qualité dans les six mois précédant sa majorité. Dans les textes sur la nationalité, la France comprend la France métropolitaine, les DOM-TOM et, pour toute personne née avant 1962, l'Algérie. Il en résulte qu'un enfant né en France de parent(s) algérien(s) né(s) en Algérie avant 1962 est français. Or, un très grand nombre de ces enfants sont déclarés algériens au recensement (5). Au recensement de 1975, environ 200 000 enfants mineurs nés en France métropolitaine ont ainsi été déclarés algériens (soit 20 % des enfants étrangers de moins de 18 ans) ; au recensement de 1982 : 220 000 environ (soit la même proportion) ;
— Tout enfant étranger né en France et qui y réside (au sens du Code de la Nationalité) peut réclamer, durant sa minorité, la

(3) Les actes d'état civil français ne comportent pas d'énonciations relatives à la nationalité, et en particulier, la nationalité d'un nouveau-né ne figure pas dans l'acte de naissance.

(4) Avec la possibilité, si l'enfant n'est pas né en France, de répudier la qualité de français dans les six mois précédant sa majorité, si son autre parent n'a pas acquis la nationalité française.

(5) Dans les statistiques du ministère de l'Intérieur et dans celles du ministère de l'Education, il en va vraisemblablement de même (nationalité figurant sur le titre de séjour de leur parent étranger dans le premier cas ; nationalité de l'enfant telle que la déclarent ses parents dans le second).

nationalité française par déclaration s'il a en France sa résidence habituelle (4 000 à 5 000 cas par an) ;

— Tout enfant étranger né en France et qui y réside deviendra automatiquement français le jour de sa majorité sauf si, dans l'année qui la précède, il décline la qualité de français. Actuellement de 10 000 à 15 000 enfants étrangers (6) sont susceptibles de devenir ainsi français chaque année (estimation fondée sur les résultats du recensement de la population) ;

— Les enfants étrangers mineurs peuvent devenir français à l'occasion de la naturalisation accordée par décret à leur(s) parent(s) (9 000 à 10 000 par an) ;

— Tout étranger contractant mariage avec un conjoint de nationalité française peut acquérir cette nationalité par déclaration (nombre en augmentation constante depuis la loi n° 73-42 du 9 janvier 1973 : 9 000 en 1975, 13 000 en 1981).

II. — L'évolution récente (1975-1982)

Elle se traduit par une relative stabilité quantitative du nombre des étrangers, mais par une assez grande modification qualitative de l'immigration.

1. **La stabilité quantitative.** — Si la proportion d'étrangers dans la population de la France a continuellement progressé depuis 1954, le pourcentage atteint en 1982 s'établit sensiblement au même niveau qu'il y a cinquante ans (6,8 % contre 6,6 %). Compte tenu de la prise en compte dans le recensement de 1982 de quelque 150 000 étrangers dont la situation venait d'être régularisée en 1981, on peut même considérer qu'en pourcentage de la population, le nombre des immigrés était en 1982 quasiment le même qu'en 1931, ces pourcentages correspondant à des nombres différents (2 715 000 en 1931 contre 3 680 000 en 1982). Entre 1975 et 1982, le nombre des étrangers ne s'est accru que de 7 % (237 685) contre 31 % entre 1968

(6) Autres que ceux s'étant déclarés algériens au recensement.

et 1975. La dernière période est donc caractérisée par un freinage important de l'immigration, lié à la baisse de l'emploi dans l'industrie et le bâtiment ainsi qu'aux mesures gouvernementales prises à partir de 1973 pour limiter l'entrée de nouveaux travailleurs étrangers.

D'où vient alors que l'opinion publique française draine l'image d'une immigration en constant accroissement ? La réponse est simple : en changeant de nature, l'immigration est devenue plus « voyante ». Dans un contexte de crise économique, elle est devenue plus « encombrante ».

2. **Les modifications qualitatives.** — Elles sont nombreuses. Nous retiendrons les trois principales (7).

A) *L'origine géographique des étrangers se modifie.* — Sur ce plan, l'Europe apparaît en net recul, puisque son apport est en 1982 inférieur à un étranger sur deux contre deux sur trois en 1962. Ce recul est le fait pour l'essentiel des Italiens (330 000 contre 630 000) et des Espagnols (320 000 contre 440 000 et 600 000 en 1968). En revanche, les ressortissants de l'Afrique passent de 400 000 à 1 570 000 (42,8 % contre 19,7 %), ce mouvement touchant plus particulièrement les Algériens (de 350 000 à 795 000), les Marocains (de 33 000 à 430 000) et les Tunisiens (de 26 000 à 190 000). Enfin, les événements politiques intervenus dans certains pays ont entraîné la venue en France, souvent en qualité de réfugiés, de communautés autrefois minoritaires : c'est le cas des 120 000 Turcs et des 105 000 originaires du Sud-Est asiatique.

(7) Cf. André Lebon, La population étrangère au recensement de 1982, Dossier migrations, bulletin bimestriel du CIEM, juillet-août 1984, n° 21.

Origine géographique	*1962*	*1968*	*1975*	*1982*
		En pourcentage		
Nationalité :				
d'Europe	72,2	71,6	60,7	47,6
d'Afrique	19,7	24,8	34,6	42,8
d'Asie (y compris URSS)	2,9	2,4	3,4	8,2
d'Amérique	4,1	1,1	1,2	1,4
Autres	1,1	0,1	0,1	
Total	100,0	100,0	100,0	100,0

Source : Bulletin du CIEM.

B) *La part des actifs diminue*

Sexe	*1962*	*1968*	*1975*	*1982*
		En pourcentage		
Hommes	69,2	66,5	62,4	56,4
Femmes	20,0	20,3	21,6	23,4
Deux sexes	50,4	48,4	46,0	42,3

Source : Bulletin du CIEM.

Comme l'indique ce tableau, le pourcentage des actifs dans la population étrangère totale est passé de 50,4 % en 1962 (et de 60 % en 1946) à 42,3 % en 1982, avec une très forte diminution pour ce qui est des hommes, compensée par une légère progression de l'activité des femmes. Ce mouvement traduit en fait une évolution importante de la nature de l'immigration, celle des familles se substituant progressivement à celle des travailleurs. Aujourd'hui, et à l'inverse de la situation antérieure, la part des actifs pour les étrangers (42,3 %) est moins élevée que pour l'ensemble de la population (43,3 %).

C) *Le poids des jeunes et des femmes augmente.* — S'agissant des jeunes, cette évolution est pour partie le résultat des deux précédentes : la présence de communautés à taux de natalité élevé, l'arrivée en France de familles, et donc notamment d'enfants. Ainsi, comme il ressort du tableau suivant, le pourcentage des moins de quinze ans est passé en vingt ans de 16,9 % à 25,8 % et celui des moins de vingt-cinq ans de 28,7 à 40,6 %.

Population considérée	*1962*	*1968*	*1975*	*1982*
		En pourcentage		
Etrangers				
0 à 24 ans	28,7	34,1	38,9	40,6
dont 0 à 14 ans	16,9	21,4	25,2	25,8
Ensemble de la population				
0 à 24 ans	38,1	39,8	38,7	36,5
dont 0 à 14 ans	24,8	23,7	22,6	20,7

Source : Bulletin du CIEM.

Conséquence importante : le pourcentage des jeunes dans la population étrangère est aujourd'hui très supérieur (avec 40,6 %) à celui des jeunes dans l'ensemble de la population (36,5 %). Quant aux femmes, leur part est passée de 38 à 43 % en vingt ans, mais le marché de l'emploi a accru de 9 points la place qu'elles occupent dans la population active (23,7 % contre 15,2 %).

III. — Les principales caractéristiques actuelles de la population étrangère résidant en France

Outre ces données essentielles, les caractéristiques suivantes méritent d'être soulignées.

1. **Les nationalités sont très diversifiées.** — Les communautés les plus représentées concernent :

— les Algériens	795 920	(21,6 %) ;
— les Portugais	764 860	(20,8 –) ;
— les Marocains	431 120	(11,7 –) ;
— les Italiens	333 740	(9,1 –) ;
— les Espagnols	321 440	(8,7 –) ;
— les Tunisiens	189 000	(5,1 –) ;
— les Africains (Sud du Sahara)	138 080	(3,7 –) ;
— les Turcs	123 540	(3,4 –).

Les ressortissants du Sud-Est asiatique 105 520 (2,9 %).

2. **L'implantation géographique est très concentrée.** — Plus du tiers des étrangers vivent dans la région Ile-de-France, et près de 60 % dans trois régions (Ile-de-France, Rhône-Alpes, Provence-Alpes-Côte d'Azur). 10 régions sur 22 abritent plus de 100 000 étrangers, et totalisent 85 % de la population étrangère. La part des étrangers dans la population totale varie donc fortement selon la région de résidence, passant de 13,3 % dans la région parisienne à 0,7 % en Bretagne. Cette concentration est encore plus marquée pour la population active qui atteint 41 % en Ile-de-France, 18,5 % en haute Corse, 17,5 % à Paris, pour une moyenne nationale de 6,6 %. Enfin notons que près de 7 étrangers sur 10 habitent une unité urbaine de plus de 100 000 habitants contre environ 4 Français sur 10.

3. **La durée du séjour s'allonge.** — Sur les 3 680 000 étrangers dénombrés, seuls 760 000 ne résidaient pas en France métropolitaine le 1er janvier 1975, dont 155 000 enfants nés depuis cette date. Les étrangers d'origine européenne sont ceux dont l'implantation sur le territoire est la plus an-

cienne : 95 % des Espagnols, 93,5 % des Italiens et 90 % des Portugais résidaient en France métropolitaine en 1975. Viennent ensuite les étrangers d'origine maghrébine (Algériens : 87 %, Tunisiens : 78 %, Marocains : 72 %), puis les Turcs : 59 %, les Africains du Sud du Sahara : 55 %, enfin les ressortissants du Sud-Est asiatique : 19 %.

4. **Le nombre moyen de personnes par ménage est plus élevé chez les étrangers que chez les Français.** — Le nombre moyen de personnes par ménage étranger est le même (3,3) qu'en 1975 alors qu'il a diminué pour les ménages français (2,9 en 1975, 2,7 en 1982). Ce nombre est beaucoup plus élevé chez les Turcs (4,4), les Algériens (4), les Marocains (3,9) ou les Portugais (3,6) que chez les Espagnols ou les Italiens (3). Il en résulte que le nombre d'inactifs (enfants ou adultes) pour un actif au sein d'un ménage, en moyenne de 1,27 pour les ménages français est de 1,55 pour les ménages étrangers ; variant de 1,15 pour les Portugais à 2,34 pour les Turcs. Alors que pour les Français la proportion de ménages ayant cinq enfants ou plus de moins de 17 ans n'est que de 0,5 %, elle est de 2,1 % chez les Portugais, 6,2 % chez les Tunisiens, 10,7 % chez les Marocains, 11,2 % chez les Turcs et 11,6 % chez les Algériens.

5. **Les conditions de logement se sont améliorées.** — L'amélioration générale des conditions de logement a profité à l'ensemble des ménages, tant français qu'étrangers. Si 6,5 % de ceux-ci logent encore dans des conditions précaires, 93,5 % contre 90 % en 1975 occupent des logements ordinaires. Le nombre moyen de pièces par logement est passé de 2,8 à 3,1

et celui de personnes par pièce de 1,2 à 1,1. Malgré une immigration familiale importante, le surpeuplement s'est légèrement résorbé pour les ménages étrangers (43 % en 1982 contre 48,5 % en 1975), mais reste élevé pour les Maghrébins et les Turcs. Toutefois, le « peuplement normal » n'est observé que pour 30 % des ménages étrangers. Symbole de l'amélioration du confort : 50,5 % des ménages étrangers sont dorénavant pourvus du téléphone contre 13 % en 1975.

IV. — **Estimations depuis 1982** (8)

En 1986 (derniers chiffres connus), on retrouve le même écart entre les estimations du ministère de l'Intérieur et celles de l'INED.

— Les statistiques du ministère de l'Intérieur font état de 4 453 765 étrangers autorisés à résider en France métropolitaine au 31 décembre 1986.

— Pour l'INED, la méthode mise en œuvre consiste à évaluer les mouvements intervenus depuis 1982 (naissances et décès + 128 000, entrées et sorties du territoire + 64 000, acquisition de la nationalité française 202 000) et à appliquer les variations qui en découlent au stock, sachant par ailleurs qu'un redressement a été opéré sur les résultats bruts du recensement de 1982, pour corriger l'erreur de déclaration portant sur la nationalité de 240 000 jeunes nés en France d'au moins un parent algérien, et qui sont français de naissance au titre de l'article 23 du Code de la nationalité.

L'INED estimait sur ces bases au 1er janvier 1986 la population étrangère à 3 752 000 au sens du recensement et à 3 462 000 sans les franco-algériens.

La période 1982-1986 se traduit donc par une très grande stabilité de la population étrangère qui réside en France, l'évolution se situant entre + 38 000 et — 10 000 selon la base retenue.

(8) Cf. A. Lebon, Immigrés et étrangers en France. Tendances 1988/mi-1989, La Documentation française.

Chapitre III

LES ÉTRANGERS ET LA VIE ÉCONOMIQUE (1)

I. — Les emplois occupés

1. **La répartition selon l'activité et les catégories socioprofessionnelles (CSP).** — La fonction structurelle de double ajustement à la fois quantitatif et qualitatif jouée traditionnellement par la main-d'œuvre étrangère explique la nature des emplois occupés par les immigrés et leur niveau de qualification tels qu'ils apparaissent notamment dans les enquêtes annuelles de l'INSEE qui constituent outre le recensement de 1982 l'une des sources principales de connaissance de la population active étrangère en France, et dont la dernière est de mars 1989.

Les immigrés salariés qui représentent 6,5 % des salariés ayant un emploi sont surreprésentés dans l'industrie et en particulier dans le bâtiment et les travaux publics. Leur proportion par rapport à l'ensemble des salariés est de 9,9 % dans l'agriculture, la sylviculture et la pêche ; 7,4 % dans l'industrie, 18,6 % dans le BTP, 4,7 % dans les services et le tertiaire. Ils sont également surreprésentés dans la catégorie ouvriers où 46,6 % occupent des emplois non qualifiés contre 37,3 % pour les

(1) Sur ce sujet voir Ecole nationale d'Administration, séminaire juillet 1984, rapport d'un groupe d'élèves : « L'immigration : analyse macro-économique ».

Français, et 49,2 % des emplois qualifiés contre 57,7 % pour les Français. Globalement, les 1 593 803 actifs étrangers disposant d'un emploi se répartissent comme suit.

Catégorie socioprofessionnelle	*Français*	*Etrangers*
Ouvriers	28,4	57
Employés	27,43	21
Cadres	10,34	5,6
Autres	33,83	16,4
Total	100	100
(Effectifs)	21 754 082	1 593 803

Activité économique	*Français*	*Etrangers*
Agriculture et pêche	6,94	2,2
Industrie	22,61	29
Bâtiment et génie civil	7,52	20
Commerces, services	62,93	48,8
Total	100	100
(Effectifs)	21 754 082	1 593 803

Source : Ministère des Affaires sociales.

L'observation de la période 1982-1985 montre que la place de la main-d'œuvre étrangère évolue sensiblement, en fonction notamment de l'emploi total, et met en évidence son éviction de ses secteurs d'implantation traditionnelle. Si l'image d'une main-d'œuvre étrangère concentrée dans le BTP et certaines branches industrielles demeure globalement valable, l'évolution constatée entre 1982 et 1985 remet en cause l'importance relative pour les immigrés de ces secteurs qui ne représentent plus que 62,5 % en 1985 contre 68 % en 1982. Ce phénomène concerne l'ensemble des branches industrielles, à l'exception de l'imprimerie - presse-édition. Mais il joue différemment selon les branches : dans l'agriculture, la construction navale et l'aéronautique, le textile habillement et la production de combustibles, le nombre des salariés décroît proportionnellement moins que les effectifs totaux. Au contraire, dans des branches comme l'industrie de la viande et du lait et les services marchands aux particuliers, les étrangers bénéficient moins des créations d'emplois que les nationaux. Globalement, alors que de 1982 à 1985, le nombre de salariés étrangers a diminué de 118 700 dans l'ensemble de l'économie, cette diminution est de 135 000 pour l'industrie et le BTP. Parallèlement, on assiste à une pénétration croissante de la main-d'œuvre étrangère dans les branches du tertiaire et des activités de service où ses effectifs se sont accrus de 16 300. Ces variations qui confirment celles observées dans la période intercensitaire 1975-1982 sont résumées dans le tableau ci-après qui indique la variation des salariés étrangers et totaux dans trois secteurs et souligne l'importance de cette évolution.

Le mouvement vers le tertiaire s'explique en particulier par l'entrée sur le marché du travail des femmes et de nationalités d'immigration nouvelles. La montée de l'activité des femmes est un facteur explicatif déterminant. Cette percée des femmes étrangères sur le marché de l'emploi s'est réalisée pour l'essentiel dans le secteur tertiaire qui occupe dorénavant 76 % des actives. Leur nombre s'accroît dans toutes les branches du tertiaire, à l'exception des services domestiques, et atteint en 1989 275 487 contre 362 693 pour l'ensemble des activités.

Mais la présence étrangère dans le tertiaire est

Evolution par activité économique de l'ensemble des salariés et des salariés étrangers de 1982 à 1985

(Unité : millier.)

Activité économique	*Avril 1982*		*Décembre 1985*		*Variations 1982-1985 en %*	
	Ens.	*Etr.*	*Ens.*	*Etr.*	*Ens.*	*Etr.*
Industrie	5 037,8	438,6	4 653,9	364,6	— 7,6	— 16,9
Bâtiment et génie civil	1 498,0	327,4	1 224,3	266,4	— 18,3	— 18,6
Activités de service	5 878,6	361,7	6 141,0	378,0	+ 4,5	+ 4,5
Toutes activités	12 414,4	1 127,7	12 019,2	1 009,0	— 3,2	— 10,5

Ens. : Effectifs salariés totaux (nationaux + étrangers).
Etr. : Effectifs salariés étrangers.

également très différenciée selon les origines. Certaines nationalités y ont une place particulièrement importante. Le tableau ci-dessous montre la forte représentation des « Africains noirs » et des « personnes originaires de l'Asie du Sud-Est ».

En raison du rôle des femmes et des nationalités d'immigration récente, cette conquête du tertiaire ne saurait apparaître comme une simple reconversion de la main-d'œuvre étrangère qui quitte l'industrie. Ce mouvement résulte aussi d'une moindre acceptation du travail manuel industriel par certaines composantes de la population étrangère ou d'origine étrangère, lorsque l'ancienneté augmente, lorsque la naturalisation permet l'accès à la fonction publique, et dès lors que la scolarisation ouvre à la seconde génération des débouchés de qualification plus élevée. Dans un certain nombre de secteurs, cette percée

	Portugais	*Marocains*	*Algériens*	*Tunisiens*	*Africains noirs*	*Asie du Sud-Est*
Commerce	7,3 %	5 %	6,3 %	7,5 %	8,1 %	14 %
Réparation et Commerce automobile	2 –	1,4 –	1,3 –	1,4 –	1,6 –	2,9 –
Hôtels, cafés, restaurants	2,1 –	3,6 –	4,5 –	7,9 –	9,4 –	8 –
Services marchands rendus aux entreprises	3,6 –	3 –	3,7 –	4,8 –	9 –	8,6 –
Services marchands rendus aux particuliers	12,8 –	9,2 –	7,9 –	12,3 –	24,9 –	5,9 –
	27,8 %	22,2 %	23,7 %	33,9 %	53 %	39,4 %

Source : Enquête ACEMO, décembre 1985.

des étrangers dans le tertiaire s'explique également par leur plus grande acceptation de conditions d'emploi défavorables.

2. **Les conditions d'emploi.** — L'exploitation des déclarations annuelles de salaires par l'INSEE reflète la spécificité de l'emploi étranger salarié. Globalement, on constate un écart de 20 % entre les salaires moyens des Français et des étrangers. Cet écart résulte de la qualification moindre des étrangers, de leur concentration dans des activités à salaires faibles, et d'une ancienneté dans leur emploi inférieure à celle des nationaux. L'arrivée sur le marché du travail d'un nombre croissant de femmes immigrées qui occupent des emplois mal rémunérés a accentué cet écart. Mais si on élimine les facteurs relatifs au type

d'emploi qui influent sur le niveau des salaires, cet écart se réduit et on constate qu'à travail égal les étrangers touchent des salaires sensiblement égaux. Cette quasi-égalité s'explique en partie par la moindre féminisation de l'emploi étranger : pour chaque sexe le gain moyen des étrangers est inférieur à celui des Français, mais les salaires plus élevés des hommes et leur plus forte présence parmi les actifs étrangers expliquent un gain moyen légèrement supérieur.

II. — Les effets de la crise

1. **La diminution de l'emploi étranger.** — Les étrangers supportant, plus que les nationaux, les pertes d'emploi qui frappent l'industrie (notamment dans le secteur automobile) et le BTP, la diminution du nombre des emplois étrangers, observée au cours des dernières années, devrait se poursuivre à moyen terme. A taux de présence constant des étrangers dans chaque branche, la réduction de leurs effectifs est plus forte que celle de l'emploi total, la crise frappant particulièrement les secteurs où ils sont surreprésentés.

On observe néanmoins de grandes disparités d'une nationalité à l'autre ; les Maghrébins et les Africains du sud du Sahara sont plus touchés par le chômage que les autres étrangers (Espagnols, Portugais, Italiens). En outre, alors que les étrangers présentaient un léger avantage sur les nationaux quant à la durée moyenne du chômage, cet avantage est en train de disparaître, la durée moyenne du chômage étant sensiblement la même pour les nationaux et pour les étrangers (262 jours en 1983 et 346 en 1988 pour les étrangers ; 291 en 1983 et 351 en 1988 pour les nationaux). Enfin, la moitié des demandeurs d'emploi étrangers sont sans qualification.

2. **Le chômage des étrangers et la tentation des fausses solutions.** — En 1973, avec 39 500 demandeurs d'emploi, le chômage étranger représentait

8,6 % du chômage total, et en 1976, avec 95 700 demandeurs d'emploi, 9,2 %. Si, entre 1976 et 1979, le nombre des demandeurs d'emploi s'accroissait en chiffres absolus, le pourcentage d'étrangers parmi les chômeurs semblait se stabiliser à 9,3 %. Cette relative résistance de l'emploi étranger semblait due à plusieurs facteurs spécifiques : une ancienneté au chômage moindre, liée notamment à la concentration des immigrés dans des régions où la durée moyenne du chômage est plus faible ; une mobilité supérieure à celle des Français, s'agissant surtout des nouveaux arrivés ; une plus forte présence au sein de l'intérim. Mais, à partir de 1980, le chômage des étrangers s'accroît proportionnellement plus vite que celui des Français pour atteindre 12,4 % du chômage total en 1983, 11,9 % en 1984 et 1985 (291 000 demandeurs d'emploi en décembre) et 12,5 % au 31 décembre 1989 (323 954 demandeurs d'emploi) ; avec l'ancienneté croissante de l'immigration, le vieillissement des actifs étrangers et leur féminisation, et l'arrivée dans le monde du travail de jeunes plus exigeants, la main-d'œuvre étrangère a perdu partiellement ses caractéristiques traditionnelles de souplesse et de mobilité. En outre,

Demandeurs d'emploi en fin de mois

Nationalité — 25 ans		*31-12 1986*	*31-12 1987*	*31-12 1988*	*31-12 1989*	*Evolution 1986-1989*
Ensemble		975 738	894 672	817 713	747 570	— 23,38 %
Français	H	419 111	373 916	328 003	289 255	— 30,98 -
	F	492 403	463 947	434 786	400 953	— 18,57 -
Etrangers	H	34 815	30 310	28 735	30 853	— 11,38 -
	F	29 409	26 499	26 189	26 509	— 9,86 -

Source : ANPE.

elle est la première victime de la réduction des emplois ouvriers peu qualifiés qu'entraîne la modernisation de l'appareil productif. Cette situation est particulièrement sensible pour les jeunes étrangers dont le taux de chômage est supérieur à celui des jeunes Français et évolue plus défavorablement, surtout pour les hors CEE.

Ainsi, à côté des difficultés traditionnelles d'insertion sociale et culturelle des étrangers, la crise économique a fait apparaître des difficultés nouvelles d'insertion et de réinsertion professionnelles. Autrefois complémentaire de la main-d'œuvre française, la main-d'œuvre étrangère apparaît concurrente. La tentation est grande dès lors de préconiser des mesures radicales de renvoi des étrangers dans leurs pays d'origine. De telles propositions sont tout à fait irréalistes : la politique migratoire de la France obéissant, dans son principe, à des objectifs démographiques écarte, par hypothèse, toute possibilité de gérer au plus juste les disponibilités en main-d'œuvre, en renvoyant chez eux les travailleurs non employés. En tout état de cause, nos relations avec les pays d'origine sont un obstacle à une politique de retour forcé. Mais surtout, loin de résoudre le problème du chômage, le retrait massif des travailleurs étrangers désorganiserait profondément l'appareil productif : la substitution des travailleurs français aux travailleurs étrangers reste tout à fait aléatoire ; après dix années de crise, et en dépit du niveau élevé du chômage, rares sont les nationaux qui acceptent un emploi pénible et peu rémunéré, voire une mobilité géographique ou professionnelle. La substitution poste à poste ne paraît donc pas réalisable et un départ massif des étrangers provoquerait des phénomènes de récession dans de nombreux secteurs.

DEUXIÈME PARTIE

LE STATUT DES ÉTRANGERS EN FRANCE

CHAPITRE PREMIER

LES DISPOSITIONS RELATIVES À L'ENTRÉE ET AU SÉJOUR (1)

Le texte de base relatif aux conditions d'entrée et de séjour en France des étrangers est l'ordonnance n° 45-2658 du 2 novembre 1945. Celle-ci a été modifiée ou complétée par de nombreux textes ultérieurs, dont les plus récents sont la loi n° 81-973 du 29 octobre 1981, le décret n° 82-441 du 26 mai 1982, la loi n° 84-622 du 17 juillet 1984, le décret n° 84-1078 du 4 décembre 1984, la circulaire du ministère de l'Intérieur et de la Décentralisation du 31 décembre 1984, la loi n° 86-1025 du 9 septembre 1986, la loi n° 89-548 du 2 août 1989, la circulaire du ministère de l'Intérieur du 2 août 1989, la circulaire du ministère de la Solidarité, de la Santé et de la Protection sociale n° 388 du 17 novembre 1989, la loi n° 90-34 du 10 janvier 1990, le décret n° 90-93 du 25 janvier 1990 et la circulaire du ministère de l'Intérieur du 25 janvier 1990. La réglementation est d'autant plus complexe qu'existent outre le régime de droit commun des régimes spécifiques à certaines nationalités.

(1) Voir Office des Migrations internationales, « Eléments du droit de l'immigration », et ministère de la Solidarité, de la Santé et de la Protection sociale, « Mémento de la réglementation applicable aux étrangers ».

I. — Régime de droit commun

L'entrée en France est subordonnée au respect de dispositions particulières ; mais l'obligation de détenir une autorisation de séjour n'est exigée en principe que si le séjour se prolonge au-delà de trois mois.

1. L'entrée en France

A) *Dispositions générales.* — L'article 5 de l'ordonnance du 2 novembre 1945 dispose que pour entrer sur notre territoire, tout étranger doit être muni : des documents et visas exigés par les conventions internationales et les règlements en vigueur ; des documents prévus par décret en Conseil d'Etat et relatifs, d'une part, à l'objet et aux conditions de son séjour et, d'autre part, s'il y a lieu, à ses moyens d'existence et aux garanties de son rapatriement ; des documents nécessaires à l'exercice d'une activité professionnelle s'il se propose d'en exercer une. Toutefois, un étranger n'est pas admis sur le territoire français si sa venue constitue une menace pour l'ordre public, ou s'il a fait l'objet antérieurement d'une interdiction de territoire ou d'un arrêté d'expulsion.

Le décret du 27 mai 1982, modifié par le décret n° 87-645 du 30 juillet 1987, précise la nature des documents exigibles (outre le passeport ou la carte d'identité) de tout étranger bénéficiaire d'une dispense de visa qui déclare vouloir effectuer en France un séjour inférieur à trois mois. Les étrangers dont le régime de circulation prévoit l'obligation d'un visa ont, au préalable, justifié les motifs de leur entrée sur le territoire français auprès du Consulat de France territorialement compétent pour leur lieu de résidence, étant précisé que les étrangers qui ont fait l'objet d'une mesure d'expulsion ou d'interdiction du territoire, et qui doivent comparaître devant une juridiction française ne peuvent en aucun cas être dispensés du visa. Les documents exigés sont les suivants :

— *Pour un séjour touristique :* tout document de nature à établir l'objet et les conditions de séjour et notamment sa durée (réservation d'hôtel ou de logement de vacances, inscription à un circuit touristique ou à une manifestation culturelle, attestation d'assurances garantissant le voyageur contre les risques pouvant survenir pendant son séjour).

— *Pour un voyage professionnel :* tout document relatif à la profession ou la qualité du voyageur ainsi qu'aux organismes ou établissements français par lesquels il est attendu (correspondances, invitations, convocations).

— *Pour une visite privée :* un certificat d'hébergement signé par la personne qui accueille l'étranger et qui doit comporter des indications sur l'identité de l'hôte de l'étranger et éventuellement son lien de parenté avec lui, et sur les possibilités d'hébergement. Ce certificat doit être revêtu du visa du maire de la commune de résidence du signataire, qui peut procéder à des vérifications sur l'exactitude des mentions portées sur le certificat et, s'il juge que l'étranger ne peut manifestement être hébergé dans des conditions normales, refuser son visa. En application des accords bilatéraux conclus avec chacun des trois Etats du Maghreb en 1983, les ressortissants de ces pays doivent présenter une attestation d'accueil établie sur papier libre par l'accueillant et dont la signature doit être certifiée conforme par l'autorité française compétente (maire ou commissaire de police) ou par l'autorité consulaire algérienne, marocaine ou tunisienne du lieu de domicile.

Outre ces documents, des garanties de rapatriement sont nécessaires pour ces trois types de séjour de courte durée. Il s'agit d'un billet de retour ou d'une attestation bancaire qui garantit le rapatriement. Ces dispositions doivent permettre à l'intéressé de faire face aux frais afférents à son retour dans son lieu de résidence habituelle. En cas de modification notable de son lieu de séjour principal en France et particulièrement s'il s'agit d'un déplacement entre la France et un département d'outre-mer, la garantie initialement prévue doit être modifiée si elle s'avère insuffisante. La loi prévoit des sanctions pénales (amende, emprisonnement) en cas de non-possession de garantie de rapatriement. Enfin, les visiteurs étrangers, qu'ils soient soumis ou non à l'obligation du visa, doivent pouvoir justifier qu'ils disposent de moyens d'existence leur permettant de faire face à leurs frais de séjour (espèces, chèques de voyage, etc.).

Pour prévenir le maintien durable sur le territoire français de ressortissants du Maghreb entrés initialement pour un voyage de courte durée, trois accords bilatéraux avaient été conclus avec l'Algérie, la Tunisie et le Maroc pour instituer à compter du 1er juin 1984 un diptyque. Ce document a été supprimé depuis le 13 octobre 1986, date du rétablissement du visa d'entrée pour les ressortissants maghrébins et cela quelle que soit la catégorie du passeport sous couvert duquel ils voyagent, diplomatique, de service officiel ou ordinaire.

B) *Dispenses*. — Les étrangers suivants sont dispensés de présenter les documents justificatifs de voyage, c'est-à-dire les documents relatifs à l'objet et aux conditions de séjour ainsi que les garanties de rapatriement :

— ressortissants de la CEE bénéficiaires des dispositions du traité de Rome relatives à la liberté de circulation ;
— ressortissants des Etats limitrophes de la France (Espagne, Suisse) ;
— conjoint venant rejoindre dans le cadre du regroupement familial le chef de famille régulièrement autorisé à résider sur le territoire français ;
— enfants mineurs venant rejoindre dans le cadre du regroupement familial leur père ou mère régulièrement autorisé(e) à résider sur le territoire français ;
— personnes qui peuvent rendre, par leurs capacités ou leurs talents, des services importants à la France ou qui se proposent d'y exercer des activités désintéressées (et auxquelles une dispense a été accordée par la commission prévue par le décret du 24 juillet 1980) ;
— personnes auxquelles une dispense a été accordée par les autorités consulaires françaises dans leur pays de résidence ;
— membres des missions diplomatiques et des postes consulaires et les membres de leur famille à charge venant de l'étranger pour prendre leurs fonctions en France ;
— membres des Assemblées parlementaires des Etats étrangers ;
— fonctionnaires, officiers et agents des services publics étrangers lorsqu'ils sont porteurs d'un ordre de mission de leur gouvernement ou fonctionnaires d'une organisation intergouvernementale dont la France est membre, munis d'un ordre de mission délivré par cette organisation ;

— membres des équipages des navires et des aéronefs effectuant des déplacements de service sous le couvert des documents prévus par les conventions internationales.

C) *Refus de l'admission en France.* — L'entrée sur le territoire français peut être refusée lorsque :

— l'authenticité ou la pertinence des documents présentés n'est pas établie ;
— la présence de l'étranger sur le territoire constitue une menace pour l'ordre public ;
— il fait l'objet d'une décision judiciaire d'interdiction du territoire, ou d'un arrêté d'expulsion.

La décision de non-admission est prise par la personne investie des pouvoirs de police ou de contrôle douanier au poste frontière. Cependant, en aucun cas l'étranger non admis en France ne peut être rapatrié contre son gré avant l'expiration d'un délai d'un jour franc, dès lors qu'il en fait la demande écrite et motivée. Il peut dans ce cas avertir la personne chez qui il se rend, son consulat ou un conseil de son choix. Sous certaines conditions, l'étranger non admis peut faire l'objet d'une mesure de maintien administratif, en application de l'article 35 *bis* de l'ordonnance de 1945 qui dispose : « Peut être maintenu s'il y a nécessité absolue, par décision écrite motivée du préfet dans des locaux ne relevant pas de l'Administration pénitentiaire, pendant le temps strictement nécessaire à son départ, l'étranger qui n'est pas en mesure de déférer immédiatement à la décision lui refusant l'autorisation d'entrée sur le territoire français. » Non seulement le maintien administratif ne peut être appliqué qu'en cas de nécessité absolue, mais passé un délai de vingt-quatre heures depuis la décision de maintien, le président du tribunal de grande instance ou un magistrat du siège désigné par lui est saisi du dossier et décide de la mesure de surveillance dont l'intéressé doit faire l'objet.

2. **Dispositions applicables au séjour**

A) *Dispositions générales*. — Tout étranger qui veut séjourner en France plus de trois mois doit être titulaire d'un titre de séjour, s'il est âgé d'au moins dix-huit ans ou de seize ans s'il souhaite exercer une activité professionnelle. L'âge reste fixé à seize ans pour les travailleurs ressortissants d'un Etat membre de la CEE et pour les Algériens. Les dispositions de la loi du 17 juillet 1984 qui ont pris effet le 7 décembre 1984 ont modifié les conditions de séjour en France des étrangers relevant du régime de droit commun en remplaçant les 3 anciens titres de séjour (carte de résident temporaire, ordinaire ou privilégié) et de travail (carte A, B, ou C) par un titre unique séjour/travail qui est soit la carte de séjour temporaire, soit la carte de résident. La demande de l'une ou l'autre carte doit être présentée à la préfecture de police à Paris, et dans les autres départements au commissariat de police ou, à défaut, à la mairie du lieu de résidence. Elle doit intervenir dans les deux mois suivant l'entrée en France. Si l'étranger séjournait déjà en France, il doit présenter sa demande, selon les cas, avant son dix-neuvième anniversaire s'il s'agit d'un jeune étranger qui peut prétendre à un titre de séjour de plein droit ; dans les deux mois qui suivent son dix-huitième anniversaire dans le cas contraire ; deux mois après la date à laquelle il a perdu la nationalité française ; dans les deux mois qui précèdent l'expiration du titre de séjour dont il est titulaire. Des délais spécifiques sont prévus dans quelques cas.

B) *La carte de séjour temporaire.* — Deux catégories d'étrangers peuvent y prétendre : les étrangers venus en France en qualité de visiteurs, d'étudiants ou de travailleurs temporaires autorisés à exercer une activité professionnelle et plus généralement les étrangers venus en France pour une durée limitée, ainsi que les étrangers qui ne remplissent pas les conditions nécessaires pour obtenir la carte de résident.

a) Les étrangers dont la carte porte la mention « visiteur » sont les touristes qui séjournent plus de trois mois en France, les étrangers inactifs, les uns et les autres devant justifier de moyens d'existence suffisants, et ceux qui exercent une activité professionnelle non soumise à autorisation (traducteurs, architectes, artistes) sous réserve de s'engager à n'exercer en France aucune activité professionnelle soumise à autorisation.

b) Les étudiants et stagiaires, dont la carte porte la mention « étudiant », doivent également justifier de moyens suffisants d'existence et fournir un certificat d'inscription ou de préinscription dans un établissement d'enseignement ou de formation professionnelle public ou privé fonctionnant dans des conditions conformes aux dispositions législatives et réglementaires en vigueur.

c) Les travailleurs salariés temporaires bénéficient d'une carte portant la mention « salarié » ainsi que l'indication de l'activité et des zones de travail autorisées, et qui constitue un titre unique de séjour et de travail.

Les travailleurs non salariés (commerçants, artisans, industriels, exploitants agricoles) doivent détenir, outre la carte de séjour temporaire, un document (carte de commerçant, etc.) les autorisant à exercer leur activité professionnelle dont mention est portée sur la carte de séjour.

La carte de séjour temporaire a une durée variable qui ne peut excéder un an. Elle est renouvelable sans limite mais ce renouvellement est subordonné aux mêmes conditions que sa première délivrance.

C) *La carte de résident* d'une durée de validité de dix ans, renouvelable de plein droit, est un titre unique de séjour et de travail qui peut être délivré aux étrangers qui résident régulièrement en France depuis au moins trois ans. L'étranger titulaire d'une carte de séjour temporaire doit la demander dans le courant des 3e et 2e mois qui précèdent l'expiration de son titre. Il doit justifier d'une résidence en France régulière et non interrompue d'au moins trois ans (à l'exception des absences de courtes durées telles que les congés et vacances). Il doit disposer de moyens d'existence stables et suffisants et, s'il est salarié, présenter un contrat ou une promesse de contrat de travail. Il peut être tenu compte également de l'intention de s'établir durablement en France, par l'achat d'un appartement ou la scolarisation en France des enfants.

D) *La commission de séjour des étrangers.* — L'article 8 de la loi du 2 août 1989 (article 18 *bis* de l'ordonnance de 1945) a institué dans chaque département une commission du séjour des étrangers composée de trois magistrats, qui est saisie par le préfet lorsque celui-ci envisage de refuser : le renouvellement d'une carte de séjour temporaire, la délivrance d'une carte de résident à un étranger qui peut y prétendre de plein droit, ou la délivrance d'un titre de séjour à un étranger qui ne peut faire l'objet d'un arrêté de reconduite à la frontière. Le refus du préfet ne peut être maintenu que sous réserve de l'avis conforme de la commission.

II. — Dispositions particulières

1. **Délivrance de plein droit de la carte de résident.** — Les personnes ci-après bénéficient de plein droit de la carte de résident, sous réserve des justifications prévues par les textes :

1° Le conjoint étranger d'un ressortissant de nationalité française ;
2° L'enfant étranger d'un ressortissant de nationalité française si cet enfant a moins de 21 ans ou s'il est à la charge de ses parents ainsi que les ascendants d'un tel ressortissant et de son conjoint qui sont à sa charge ;
3° L'étranger qui est père ou mère d'un enfant français résidant en France à la condition qu'il exerce même partiellement l'autorité parentale à l'égard de cet enfant ou qu'il subvienne effectivement à ses besoins ;
4° L'étranger titulaire d'une rente d'accident du travail ou de maladie professionnelle servie par un organisme français et dont le taux d'incapacité permanente est égal ou supérieur à 20 % ;
5° Le conjoint et les enfants mineurs de 18 ans ou qui sont dans l'année qui suit leur dix-huitième anniversaire d'un étranger titulaire de la carte de résident qui sont autorisés à séjourner en France au titre du regroupement familial ;
6° L'étranger qui a servi dans une unité combattante de l'armée française ;
7° L'étranger qui a combattu dans les rangs des forces françaises de l'intérieur, sous certaines conditions ;
8° L'étranger qui a servi en France dans une unité combattante d'une armée alliée ;
9° L'étranger ayant servi dans la Légion étrangère ;
10° L'étranger qui a obtenu le statut de réfugié ainsi que son conjoint et ses enfants mineurs ;
11° L'apatride justifiant de trois années de résidence en France ainsi que son conjoint et ses enfants mineurs ;
12° L'étranger qui justifie, par tous moyens, résider en France habituellement depuis plus de quinze ans ou depuis qu'il a atteint au plus l'âge de dix ans ou qui est en situation régulière depuis plus de dix ans ;
13° L'étranger mineur ou qui est dans l'année qui suit son dix-huitième anniversaire, entré en France avant le 7 décembre 1984 alors qu'il n'avait pas atteint 16 ans et dont l'un au moins des parents est titulaire de la carte de résident.

2. Régimes spéciaux

A) *Ressortissants de la CEE.* — Le traité de Rome instituant la CEE, signé le 25 mars 1957 posant le principe de la libre circulation de tous les travailleurs des Etats membres, les ressortissants de la République fédérale d'Allemagne, de la Belgique, du Danemark, de l'Italie, de la Grèce, du Luxembourg, des Pays-Bas, de la Grande-Bretagne et de l'Irlande du Nord entrent et circulent librement sur simple présentation d'une carte d'identité ou d'un passeport en cours de validité. Les travailleurs espagnols et portugais salariés ne bénéficieront de la libre circulation que le 1er janvier 1993. Ces dispositions concernent uniquement les travailleurs salariés à titre permanent ou non, et les travailleurs non salariés, à l'exclusion des personnes qui n'exercent pas d'activité professionnelle (notamment étudiants) qui restent soumises au droit commun. Un titre de séjour spécifique est nécessaire aux travailleurs de la CEE dès lors qu'ils résident plus de trois mois en France. Le travailleur salarié permanent doit, dès qu'il est pourvu d'un emploi et au plus tard dans les trois mois de son arrivée, solliciter une « carte de séjour de ressortissant d'un Etat membre de la CEE ». Le travailleur non permanent bénéficie d'une autorisation provisoire de séjour et le travailleur frontalier d'une « carte de travailleur frontalier ressortissant d'un Etat membre de la CEE », valable cinq ans et renouvelable. Quant aux travailleurs non salariés, ils bénéficient, sous réserve de titres identiques, du droit de s'établir en France. Notons enfin que l'article 48 du traité de Rome prévoit pour tout ressortissant d'un Etat membre de la CEE employé sur le territoire d'un autre Etat membre le droit de demeurer dans ce pays après y avoir occupé un emploi ; ce droit permet sous certaines conditions aux travailleurs salariés et non salariés ressortissants d'un Etat membre de la CEE et aux membres de leur famille vivant avec eux, de maintenir leur résidence ou de revenir pendant un délai de deux ans dans le pays où le travailleur avait son emploi au moment où il a cessé d'exercer son activité professionnelle.

B) *Algériens.* — La situation des Algériens en France relevait jusqu'en décembre 1985 de l'accord franco-algérien du 27 décembre 1968. Un avenant à cet accord a été signé le 22 décembre 1985 afin de faire bénéficier les ressortissants algériens de dispositions au moins aussi favorables que celles qui résultent de la loi du 17 juillet 1984. Les ressortissants algériens qui séjournent en France sont désormais classés en deux catégories : ceux qui bénéficient d'un certificat de résidence de dix ans, et ceux qui, venus en France à titre temporaire ou ne remplissant pas les conditions pour obtenir le certificat de résidence de dix ans, sont titulaires d'un certificat de résidence d'un an (notamment étudiants, stagiaires). Pour obtenir le certificat de résidence de dix ans, le ressortissant algérien titulaire d'un certificat de résidence d'un an doit satisfaire à des conditions de résidence (justifier d'une résidence en France, régulière, effective et non interrompue de trois années), de moyens d'existence (il doit disposer de ressources suffisantes et stables), d'ordre public.

C) *Andorrans et Monégasques.* — Les Andorrans n'ont pas le statut d'étrangers au regard du droit français. Ils doivent simplement posséder une « carte d'identité d'Andorran » pour séjourner en France, carte qu'ils peuvent éventuellement demander à leur arrivée en France. Les Monégasques peuvent séjourner en France sous couvert de leur passeport revêtu par le consul général de France à Monaco de la mention suivante : « Le titulaire du présent passeport est dispensé de la carte d'identité des étrangers et peut exercer en France toute profession sans aucune formalité. »

CHAPITRE II

LES DISPOSITIONS RELATIVES À L'EMPLOI DES ÉTRANGERS (1)

I. — Dispositions générales relatives aux emplois permanents

Les étrangers qui exercent une activité salariée en France doivent obtenir deux autorisations distinctes, l'une relative au séjour, et l'autre au travail. Celles-ci étaient matérialisées avant 1984 par des titres également distincts, la carte de séjour et la carte de travail. Chaque titre pouvait être d'une validité d'un an, trois ans ou dix ans. La durée des deux titres pour chaque titulaire ne concordant pas nécessairement, l'étranger était soumis à de nombreuses démarches, souvent aléatoires, pour être en règle simultanément au regard de la résidence et de l'emploi. La loi n° 84-622 du 17 juillet 1984 a supprimé la dualité des titres en instituant un titre unique de séjour et de travail. Dorénavant, l'étranger qui exerce une activité salariée en France doit être titulaire soit d'une carte de résident valable dix ans, renouvelable de plein droit, qui permet à son titulaire d'exercer la profession de son choix

(1) Voir Office des Migrations internationales, « Eléments du droit de l'Immigration », et ministère de la Solidarité, de la Santé et de la Protection sociale, « Mémento de la réglementation applicable aux étrangers ».

sur tout le territoire métropolitain, lorsqu'elle a été délivrée sur ce territoire, soit d'une carte de séjour temporaire portant la mention « salarié », valable un an, renouvelable deux fois, qui mentionne les activités professionnelles autorisées et la ou les zones géographiques où elles peuvent être exercées.

1. La décision relative à l'autorisation de travail

A) *Principes*. — L'article R 341-1 du Code du Travail tel qu'il a été modifié par le décret du 4 décembre 1984 dispose que la décision d'accorder ou de refuser un titre unique de séjour et de travail est prise par le préfet. Celui-ci prend cette décision respectivement en tant que représentant du ministre de l'Intérieur d'une part, du ministre du Travail, de l'Emploi et de la Formation professionnelle d'autre part. Il en résulte que toute demande de carte de séjour temporaire portant la mention « salarié », que ce soit en première délivrance, ou en renouvellement, et toute demande de carte de résident, en première délivrance, lorsqu'elle est présentée par un étranger n'appartenant pas à l'une des catégories qui en bénéficient de plein droit, doivent d'abord être instruites et faire l'objet d'une décision en tant qu'elles constituent des demandes de titre de travail. Par contre, la première délivrance de la carte de résident à un étranger qui en bénéficie de plein droit, et son renouvellement, qui est automatique, n'appellent aucun examen sur le plan du travail.

L'article R 341-4 du Code du Travail dispose que pour accorder ou refuser l'autorisation de travail sollicitée, le préfet du département où réside l'étranger prend en considération la situation de l'emploi, présente et à venir, dans la profession demandée par le travailleur et dans la zone géographique où il compte exercer sa profession, ainsi que les conditions d'application par l'employeur de la réglementation relative au travail. Ce second critère conduit à écarter la demande lorsque l'employeur est connu pour ne pas respecter la réglementation du travail et en particulier les règles relatives à l'emploi des étrangers, au paiement des salaires, à la durée du travail, etc.

En outre, les conditions d'emploi et de rémunération offertes aux travailleurs étrangers doivent être identiques à celles dont bénéficient les travailleurs français. Il en résulte que l'emploi doit être *réel*, les emplois de complaisance faisant l'objet d'un refus et d'une saisine du Parquet en application de l'article L 364-2 du Code du Travail. Il doit être *permanent* et donc normalement à durée indéterminée. Cependant, un contrat à durée déterminée d'une durée au moins égale à trois mois peut être accepté, lorsque manifestement les conditions d'emploi dans la branche professionnelle excluent pratiquement toute possibilité pour un travailleur d'obtenir un contrat à durée indéterminée. Il s'agit généralement des professions artistiques. De même, un contrat à durée déterminée pourra être accepté à l'appui d'une demande de renouvellement de l'autorisation de travail. En revanche, un travailleur étranger ne peut être introduit ou régularisé en qualité de salarié temporaire au sens des articles L 124-1 et suivants du Code du travail. L'emploi doit permettre de *subvenir aux besoins* du travailleur. Il peut être à temps plein ou à temps partiel, mais le revenu mensuel procuré doit être égal ou supérieur au SMIC. Toutefois, les étrangers en situation de chômage partiel bénéficient du renouvellement de leur autorisation de travail. Enfin, l'emploi doit être *convenablement rému-*

néré, et le salaire identique à ceux dont bénéficient les travailleurs français, et conforme à ceux réellement pratiqués, non dans l'entreprise considérée, mais dans l'ensemble de la profession.

L'article R 341-4 du Code du Travail cite enfin, parmi les éléments d'appréciation à prendre en considération, les dispositions prises par le futur employeur pour loger le travailleur qui sollicite une autorisation de travail. L'article L 432-3 prévoit la consultation du comité d'entreprise « sur les conditions de logement des étrangers que l'entreprise se propose de recruter ». Cette consultation est réservée aux « primo-immigrants », bénéficiaires d'une procédure d'introduction ou de régularisation.

L'objet de ces dispositions est d'assurer une meilleure protection des travailleurs migrants en amenant les employeurs à se préoccuper des conditions de logement dont disposent ou disposeront les travailleurs étrangers qu'ils souhaitent employer.

En cas de refus de l'autorisation de travail, la loi n° 79587 du 11 juillet 1979 fait obligation à l'administration de motiver ses décisions individuelles défavorables. L'article 3 dispose que la motivation doit être écrite et comporter l'énoncé des considérations de droit et de fait qui constituent le fondement de la décision. Une décision implicite de rejet résultant du silence gardé par l'administration pendant quatre mois, doit également, à la demande de l'intéressé formulée dans le délai de recours contentieux (deux mois à compter de la date d'expiration de ces quatre mois), être motivée dans le mois qui suit la demande. Dans ce cas, le délai de recours contentieux formulé contre la décision est prorogé jusqu'à ce qu'un délai de deux mois se soit écoulé après la date où les motifs ont été communiqués. La motivation doit notamment constater que l'étranger ne remplit pas les conditions pour obtenir la carte de résident de plein droit ou pour bénéficier de la non-opposabilité de l'emploi, préciser le critère, tiré de l'article R 341-4 qui a été opposé à la demande, et les considérations de fait qui ont conduit à son application, enfin rappeler l'impossibilité, pour l'étranger, d'exercer une activité salariée à défaut de titre de travail.

B) *Dispositions particulières*

a) Délivrance de plein droit. — Du fait de l'unicité des titres de travail et de séjour, bénéficient par hypothèse de plein droit d'une autorisation de travail les étrangers qui bénéficient de plein droit de la carte de résident, et dont la liste figure au chapitre I, sous-chapitre II-1.

b) Cas prévus par l'arrêté du 14 décembre 1984. — La situation de l'emploi n'est pas opposable aux apatrides, aux ressortissants cambodgiens, laotiens, vietnamiens, polonais, libanais et aux ressortissants d'un pays membre de l'OCDE justifiant de treize années de résidence ininterrompue (délai réduit d'un an par enfant mineur vivant en France), au conjoint et enfants autorisés à séjourner en France au titre du regroupement familial, et enfin aux ressortissants gabonais et togolais en application des dispositions de conventions internationales.

2. **Les procédures de délivrance des titres uniques.** — Il existe deux procédures de délivrance des titres : la procédure dite d'introduction, et la procédure dite de régularisation.

A) *La procédure d'introduction.* — C'est la procédure que doit utiliser un employeur qui souhaite faire appel à un travailleur étranger permanent qui réside à l'étranger, soit nominativement si l'employeur connaît déjà le travailleur, soit anonymement dans le cas contraire. Pratiquement, seule la procédure d'introduction nominative est actuellement utilisée. L'employeur doit en premier lieu s'adresser à l'ANPE qui a la possibilité de lui présenter des demandeurs d'emploi français ou étrangers en situation régulière. L'Agence transmet aussitôt le dossier à la Direction départementale du Travail et de l'Emploi (DDTE) en y joignant le cas échéant un avis motivé sur les possibilités de compensation. L'employeur adresse une demande écrite d'introduction à la DDTE en explicitant ses motifs et en s'engageant à verser à l'Office des Migrations internationales (OMI) la redevance correspondant aux frais d'introduction et la contribution forfaitaire. La DDTE procède à un examen, cas par cas, des demandes. Dans la majorité des cas, l'opposabilité de la situation de l'emploi la conduit à un refus de visa. L'employeur en est informé par une lettre motivée. Lorsque la demande lui paraît susceptible de recevoir une suite favorable, le dossier est transmis à l'OMI après visa du contrat de travail. La DDTE porte sur le contrat l'indication des activités professionnelles autorisées et des zones géographiques où l'exercice de ces activités est permis. Lorsque le contrat est visé favorablement, le dossier est adressé par la DDTE à l'OMI pour mise en Oeuvre de la procédure d'introduction, qui diffère selon que le travailleur est originaire d'un pays où est implantée ou non une mission de l'OMI. Dans le premier cas, le dossier est transmis directement à la mission qui convoque le travailleur pour effectuer les formalités d'immigration. Celui-ci passe une visite médicale et, s'il est déclaré apte, sollicite des autorités de son pays un passeport. Une fois ces formalités remplies, le travailleur est acheminé, après apposition du visa de l'OMI sur son passeport, chez son futur employeur, qui est toujours tenu au courant de la procédure. Dans le second cas, le dossier est transmis au Service central de l'OMI à Paris qui met en œuvre la procédure d'introduction en liaison avec le Consulat de France compétent dans le pays concerné et auquel le dossier est adressé. Le Consulat se met en relation avec le travailleur bénéficiaire pour la visite médicale, la délivrance d'un passeport, du visa d'établissement, du contrat de travail, et du certificat d'aptitude médicale.

A réception de l'avis d'introduction adressé par l'OMI pour le séjour, la DDTE avise les services préfectoraux compétents pour le séjour de la décision relative à l'activité professionnelle autorisée et à la zone géographique où elle peut être exercée afin qu'une carte de séjour temporaire « salarié » puisse être délivrée. L'OMI adresse à l'employeur un avis de paiement du montant de la redevance, qui est forfaitaire et individuelle et ne peut en aucun cas être mise à la charge du travailleur.

B) *La procédure de régularisation.* — La procédure de régularisation est une procédure exceptionnelle qui permet à un étranger d'obtenir, pour la première fois, une autorisation de travail permanente, alors qu'il réside déjà régulièrement sur le territoire français, après y être entré sans être muni du contrat visé dans le cadre de la procédure normale d'introduction. C'est notamment le cas des étudiants, des commerçants, des travailleurs temporaires ou saisonniers et plus généralement de tous les titulaires d'une carte de séjour temporaire ne portant pas la mention « salarié », ainsi que des touristes. Cette procédure est à l'initiative de l'étranger (et non de l'employeur) qui doit s'adresser au « guichet unique » compétent à raison de sa résidence : mairie ou commissariat et, à Paris, centres de réception des étrangers. L'Administration lui délivre alors un récépissé sous la forme d'une autorisation provisoire de séjour d'une durée de trois mois (APS).

L'article 13 de l'ordonnance de 1945 tel qu'il résulte de la loi du 17 juillet 1984 permet d'opposer un refus d'autorisation de séjour à l'étranger qui sollicite une carte de séjour temporaire s'il ne peut produire un visa de séjour d'une durée supérieure à trois mois, lorsque du fait de sa nationalité il est soumis à cette obligation. Ce n'est que dans l'hypothèse où il n'est pas fait usage de cet article pour opposer un refus de séjour, que la demande d'autorisation de travail est transmise à la DDTE pour décision. Si la demande est rejetée, le requérant est informé de ce rejet par lettre motivée du préfet, de même que l'employeur qui a souscrit le contrat et qui est averti des sanctions encourues s'il employait le travailleur en situation irrégulière. Si la demande est acceptée, le contrat de travail visé, indiquant la ou les activités professionnelles autorisées et la ou les zones géographiques où l'exercice de l'activité est permise, est adressé au Centre régional de l'OMI compétent, accompagné de l'engagement de versement de la redevance correspondante. La DDTE informe les services préfectoraux de son acceptation afin que la carte de séjour temporaire « salarié » puisse être ultérieurement délivrée. L'OMI convoque le travailleur pour la visite médicale obligatoire. S'il est jugé apte, il signe et reçoit son contrat ; l'OMI informe la DDTE et la préfecture qui établit et délivre au travailleur une carte de séjour temporaire « salarié » valable un an et portant les limitations géographiques et professionnelles précisées sur le contrat. Dans le cas contraire, l'OMI informe la DDTE et la préfecture.

C) *Situation particulière des jeunes étrangers.* — Un jeune étranger peut être né en France, venu en France avec ses parents, ou venu les rejoindre. Dans les deux derniers cas, il doit avoir subi un contrôle médical auprès des services de l'OMI, soit dans son pays d'origine s'il a été autorisé à venir dans notre pays dans le cadre de la procédure du regroupement familial, soit exceptionnellement en France s'il est entré en qualité de touriste. Avant l'âge de 18 ans, le jeune étranger n'est pas astreint à détenir un titre de séjour et n'est pas autorisé — de par la loi française — à travailler (sauf travaux temporaires pendant les vacances scolaires). A partir de 18 ans, il doit détenir un titre de séjour qu'il demande au « guichet unique » dans un délai de deux mois à compter de son dix-huitième anniversaire. Le délai est d'un an pour le jeune étranger bénéficiant de plein droit d'un titre de séjour. S'il désire travailler, il doit posséder un titre de travail, mais il bénéficie de la délivrance de plein droit de la carte de résident s'il réside habituellement en France depuis l'âge de 10 ans ou depuis plus de quinze ans ou en général s'il est entré en France sous couvert du regroupement familial. A défaut du bénéfice de plein droit de la carte de résident, il bénéficie de la non-opposabilité de la situation de l'emploi. Le mineur de 16 ans qui désire travailler doit déférer aux mêmes obligations que le mineur de 18 ans.

D) *La procédure de renouvellement des titres.* — L'étranger qui souhaite le renouvellement d'une carte de séjour temporaire portant la mention « salarié » en fait la demande auprès du guichet unique compétent pour son lieu de résidence au cours du troisième ou du deuxième mois précédant la date d'expiration de sa carte, en l'accompagnant d'un contrat ou d'une promesse de contrat de travail. La demande est instruite par la DDTE dont l'examen porte sur la réalité de l'emploi occupé. En cas de doute, la production des derniers bulletins de salaire est demandée. Si le requérant dispose d'un emploi, bien qu'un refus puisse être opposé dans les conditions prévues à l'article R 341-4 du Code du Travail, le renouvellement est généralement accepté et donne lieu à la délivrance d'une nouvelle carte temporaire « salarié » valable un an.

Lorsque l'étranger justifie d'une résidence régulière et ininterrompue d'au moins trois ans en France, il peut en application de la loi du 17 juillet 1984, bénéficier d'une carte de résident. S'il est salarié titulaire d'une carte de séjour portant la mention « salarié », il doit justifier d'un contrat de travail et d'une activité professionnelle effective. Si le titulaire d'une carte de séjour temporaire portant une autre mention que salarié demande une carte de résident en se proposant d'exercer une activité salariée, il s'agit alors de la procédure de régularisation et non de renouvellement, car dans ce cas il y a changement de statut.

II. — Dispositions particulières

De nombreux étrangers bénéficient de dispositions particulières plus favorables que celles de droit commun, soit en application de conventions internationales ou bilatérales, soit en raison d'événements particuliers, soit du fait de la nature de l'activité qu'ils exercent. En outre, une réglementation spécifique est appliquée dans les départements d'outre-mer.

A) *Conventions internationales.* — *Les ressortissants de la CEE* peuvent exercer librement, sans autorisation de travail, toute activité salariée sur l'ensemble du territoire y compris dans les départements d'outre-mer. L'emploi peut être occupé avant qu'aient été effectuées les formalités relatives à la délivrance du titre de séjour obligatoire au-delà de trois mois. Ils peuvent recourir dès leur arrivée en France aux services de l'ANPE et y être inscrits comme demandeurs d'emploi. La carte de séjour spécifique (carte de ressortissant d'un Etat membre de la CEE) porte à la rubrique profession la mention « Toutes activités professionnelles dans le cadre de la législation en vigueur ». Elle est valable cinq ans et renouvelable de plein droit en principe dix ans. Le recours à l'OMI pour l'introduction d'un travailleur de la CEE est facultatif. Les commerçants, industriels et artisans bénéficient du droit d'établissement et ne sont pas tenus à la possession de l'autorisation d'exercer une activité professionnelle réglementée, normalement exigée des étrangers. De même, les agriculteurs et sylviculteurs ne sont pas tenus à la possession de l'autorisation administrative d'exploiter.

Les Espagnols et les Portugais sont dans une situation particulière : pendant la période transitoire de sept ans qui s'est ouverte le 1er janvier 1986, ils ne pourront venir occuper un emploi en France que s'ils y sont autorisés dans les conditions du droit commun. En revanche ceux qui sont déjà ou seront autorisés à travailler en France se trouveront dans la même situation au regard de l'emploi que les autres ressortissants de la CEE, sans bénéficier cependant de plein droit jusqu'au 1er janvier 1993 du droit d'accéder librement à un emploi dans un autre Etat membre de la CEE que la France. Ceux qui exercent une activité professionnelle non salariée bénéficient dans les mêmes conditions du droit d'établissement.

Les Andorrans et les Monégasques ne sont pas tenus d'être munis d'une autorisation de travail. Ils ont accès librement à l'ensemble des services de l'ANPE.

Les Centrafricains bénéficient des dispositions de « l'accord multilatéral sur les droits fondamentaux des nationaux de la communauté » qui les assimile aux Français sur le plan du travail, et leur permet d'exercer toute activité salariée sur l'ensemble du territoire sans avoir à solliciter d'autorisation de travail, quel que soit le motif de leur séjour en France et notamment lorsqu'ils y poursuivent des études, et sans être astreints à un contrôle médical. Ils ont accès à l'ensemble des services de l'ANPE et peuvent bénéficier des stages de formation professionnelle dans les mêmes conditions que les Français, dès lors qu'ils sont titulaires d'une carte de séjour. Si un employeur a recours à la procédure d'introduction par l'OMI, il est exempté du versement de la contribution forfaitaire.

Les Gabonais et Togolais bénéficient des dispositions de conventions bilatérales de circulation ou d'établissement aux termes desquelles la situation de l'emploi en France ne leur est pas opposable. Leur dossier d'introduction est déposé par l'employeur directement à la Direction départementale du Travail du lieu d'emploi qui, après visa, le transmet à l'OMI pour mise en œuvre de la procédure consulaire d'introduction. A son arrivée en France, le Gabonais ou le Togolais se voit délivrer sa carte de séjour temporaire, qui peut porter la mention « Salarié » bien que cette mention ne soit pas obligatoire et témoigne simplement de l'accomplissement des procédures prévues. Avec sa carte de séjour et son contrat de travail régulièrement visé, le travailleur est en règle et peut occuper son emploi sans autre formalité. La procédure de régularisation est mise en œuvre selon les mêmes principes, la DDTE se contentant d'apposer son visa sur le contrat de travail. Les ressortissants gabonais et togolais ont accès à l'ensemble des services de l'ANPE et peuvent bénéficier des stages de formation professionnelle dans les mêmes conditions que les Français, dès lors qu'ils sont titulaires d'une carte de séjour.

Les Algériens bénéficient des dispositions de l'accord franco-algérien du 27 décembre 1968 modifié par l'avenant du 22 décembre 1985, qui rapproche sensiblement leur statut du régime général tout en maintenant certaines spécificités. L'autorisation de travail leur est délivrée dans les conditions de droit commun prévues par la circulaire du 21 décembre 1984 du ministère des Affaires sociales. Il en résulte que la Direction départementale du Travail et de l'Emploi instruit la demande, que la situation de l'emploi leur est opposable, et que l'OMI intervient désormais dans la procédure, les employeurs étant tenus de lui verser la redevance ordinaire et, le cas échéant, la contribution forfaitaire. Enfin, les employeurs de ressortissants algériens non autorisés à exercer une activité professionnelle salariée sont passibles des sanctions prévues par le Code du Travail. Deux particularités subsistent cependant pour les intéressés : 1° L'autorisation de travail est matérialisée par la mention « salarié » apposée sur le certificat de résidence d'un an (et non sur une carte de séjour temporaire) ou par la possession d'un certificat de résidence de dix ans (et non d'une carte de résident) ; 2° L'autorisation de travail ne peut comporter de limitation de validité géographique ou professionnelle. Notons enfin que les Algériens qui exercent une activité commerciale, artisanale ou industrielle continuent à bénéficier de la liberté d'établissement, et sont, en conséquence, dispensés de la carte de commerçant.

Les frontaliers enfin sont soumis à un régime spécifique. Les Espagnols doivent posséder un permis de travail frontalier délivré par la DDTE et une carte de circulation frontalière établie par le gouvernement civil de la province, d'une validité de trois ans maximum renouvelables dans les mêmes conditions. Les Suisses une autorisation de travail et une carte frontalière, ou un passeport, ou une carte d'identité en cours de validité délivrés par les autorités suisses. L'autorisation de travail est délivrée ou renouvelée pour une durée de six à douze mois pendant les deux premières années, pour un an ensuite. Le renouvellement est en principe automatique lorsque le travailleur justifie de dix ans d'activité salariée. Les ressortissants de la CEE bénéficient d'une carte de travailleur frontalier valable cinq ans et renouvelable.

B) *Dérogations liées à des événements spécifiques.* — En raison des événements survenus dans certains pays, le gouvernement français a décidé de faciliter aux ressortissants de ceux-ci l'admission, tant au séjour qu'au travail, en France. Il s'agit des Vietnamiens, des Laotiens, des Cambodgiens, des Libanais et des Polonais qui, même quand ils n'ont pas sollicité la qualité de réfugié auprès de l'OFPRA, bénéficient de la non-opposabilité de la situation de l'emploi, la contribution forfaitaire due par l'employeur étant minorée. Les Cambodgiens, Vietnamiens et Laotiens peuvent bénéficier de l'aide de l'ANPE dans la recherche d'un emploi. S'ils demeurent soumis à l'obligation d'obtenir, avant d'exercer une activité professionnelle salariée, une autorisation de travail, celle-ci leur est délivrée dans des conditions libérales, les intéressés recevant, sur présentation d'un titre provisoire de séjour, une autorisation provisoire de travail valable trois mois pour l'ensemble du territoire et qui leur permet de travailler dès qu'un emploi est trouvé et leur situation étant régularisée par l'attribution de la carte de séjour temporaire « salarié ». De même, les Polonais et les Libanais ont accès aux services de l'ANPE et leur situation peut être régularisée, dès qu'ils ont trouvé un emploi, quelles que soient leur date d'entrée en France et leur situation au regard du séjour, par la délivrance d'une carte de séjour temporaire « salarié » valable un an et renouvelable.

C) *Régimes spéciaux liés à la nature de l'emploi*

a) Dispense de titre de travail. — Certains étrangers sont, du fait de l'activité qu'ils occupent en France, dispensés de la possession d'un titre de travail. Il s'agit : des agents diplomatiques et consulaires et de leurs employés, des personnels des organisations internationales, des ministres du culte étrangers qui consacrent leurs activités exclusivement à des fins religieuses, des étrangers qui apportent une aide dans l'exploitation du commerce tenu par le conjoint, des correspondants de presse et d'agences d'information, des employés de compagnie de transport en transit, des marins et bateliers en transit.

b) Professions réglementées. — L'exercice par des étrangers de certaines professions dites « réglementées » fait l'objet de dispositions spécifiques qui s'ajoutent aux règles de droit commun. Ces dispositions sont liées soit à la nationalité des étrangers, soit à des exigences particulières. L'accès des étrangers à ces professions est souvent soumis à la consultation préalable des organismes habilités à vérifier qu'ils remplissent les conditions requises pour leur exercice. Pour connaître le détail de ces réglementations, le lecteur se référera utilement à l'*Omiclasseur* publié par l'Office des Migrations internationales. Nous nous contenterons d'indiquer ici les professions et travailleurs auxquels elles s'appliquent. Il s'agit : de la Fonction publique et en particulier des enseignants, des professions médicales et paramédicales, des pharmaciens, des professions sociales, des journalistes, architectes, comptables et démarcheurs financiers, des sportifs professionnels, des maîtres étrangers enseignant leur langue d'origine aux enfants immigrés, des marins-pêcheurs étrangers exerçant sur des bateaux français, des exploitants agricoles, et des travailleurs temporaires.

D) *L'emploi des étrangers dans les DOM.* — La législation métropolitaine relative à la main-d'œuvre étrangère a été étendue aux DOM. La seule particularité concerne la carte de résident qui, lorsqu'elle a été délivrée dans un département d'outre-mer, ne permet l'exercice d'une activité professionnelle que sur le territoire de ce département.

III. — Dispositions relatives aux emplois non permanents

A) *Les travailleurs saisonniers.* — Le recours à la main-d'œuvre étrangère saisonnière est possible lorsque le marché national de l'emploi ne peut procurer la main-d'œuvre française, ou étrangère en situation régulière susceptible d'exécuter les travaux en cause. En cas de doute à ce sujet, les DDTE doivent, avant de viser le ou les contrats, faire procéder à une enquête par les services d'inspection départementaux de travail. La circulaire n° 177 du

13 avril 1984 prise en application du décret n° 84-169 du 8 mars 1984 a réduit les possibilités d'emploi de cette main-d'œuvre, un même employeur ne pouvant dorénavant souscrire de contrats saisonniers d'étrangers que si l'ensemble de ces contrats s'inscrit dans une période, éventuellement discontinue, de six mois maximum sur douze mois consécutifs (au lieu de huit précédemment). Réciproquement, un travailleur étranger ne peut bénéficier d'un ou de plusieurs contrats saisonniers dont la durée totale excède six mois sur douze consécutifs. Leur durée de six mois peut être portée à huit pour certaines activités de production : cultures maraîchères intensives, agriculture fruitière, exploitations de coupes de bois en altitude. Des conditions particulières sont imposées aux ressortissants de pays lointains comme la Tunisie et le Maroc : limitation du nombre de travailleurs introduits, durée minimum des contrats (quatre mois). En outre, ces travailleurs doivent signer un document par lequel ils s'engagent à regagner leur pays à l'expiration de leur contrat. La procédure d'introduction est identique à celle applicable aux travailleurs permanents. Le contrat visé par la DDTE vaut autorisation de travail. Pour une durée d'emploi supérieure à trois mois, le travailleur doit solliciter des services préfectoraux une carte de séjour temporaire qui fait référence au contrat. Des facilités particulières sont données aux saisonniers originaires de la CEE. En outre il existe, à côté du régime général, deux régimes spéciaux d'introduction qui ne concernent que des travailleurs espagnols nominativement demandés pour effectuer des travaux déterminés dans certains départements désignés : vendanges dans les vingt départements viticoles du Midi méditerranéen et du Sud-Ouest, cueillette des fruits ou forestage dans les départements des Pyrénées-Orientales. Indiquons pour mémoire que l'emploi de travailleurs saisonniers implique des dispositions spécifiques pour l'imposition des revenus en France, le transfert des salaires à l'étranger, les assurances sociales, les prestations familiales et les congés payés.

B) *Les stagiaires étrangers.* — Un stagiaire professionnel étranger est un étranger qui vient en France pour une période de courte durée, occuper un emploi rémunéré, à des fins de formation ou de perfectionnement professionnel. La procédure d'introduction est identique à celle du droit commun. Le stagiaire bénéficie d'un titre de séjour temporaire et d'une autorisation provisoire de travail (APT), d'une durée maximum de six mois renouvelable une fois et, à titre exceptionnel, deux fois. La situation de l'emploi n'est pas opposable aux stagiaires professionnels mais ils ne peuvent, sauf situation particulière, devenir travailleurs permanents. Certains stagiaires font l'objet de dispositions particulières : stagiaires relevant d'accords de stages, stagiaires originaires de la CEE, stagiaires aides familiaux et stagiaires d'information. Ces derniers, dont la présence dans l'entreprise a pour objet une simple information, n'ont pas à posséder d'autorisation de travail. Au contraire, les étudiants qui doivent accomplir dans le cadre de leurs études un stage professionnel dans une entreprise reçoivent de la DDTE, sans que la situation de l'emploi leur soit opposable, une APT valable six mois et renouvelable pour la durée du stage.

C) *Les étudiants*. — Les étudiants et leur conjoint peuvent exercer, sous certaines conditions, une activité salariée au cours de leurs études. Si celle-ci est à temps partiel, la situation de l'emploi n'est pas prise en considération par la DDTE qui délivre une APT valable six mois et renouvelable si l'étudiant peut justifier de sa situation universitaire. Si l'activité est à temps plein, l'APT n'est accordée que si la situation de l'emploi ne s'y oppose pas. Des dispositions particulières sont applicables aux étudiants en médecine et aux médecins étrangers en milieu hospitalier, ainsi qu'aux élèves et aux étudiants qui désirent travailler pendant les vacances scolaires et universitaires, et auxquels une APT n'est délivrée que si la situation de l'emploi le permet.

D) *Autres emplois non permanents*. — Les travailleurs que leurs activités amènent à exercer en France leurs fonctions pour une durée limitée peuvent bénéficier d'un titre de séjour temporaire et d'une APT. Il s'agit : des cadres supérieurs détachés en France par leur entreprise, des monteurs qui viennent procéder au montage d'un matériel de production importé ou à la mise en route de nouvelles fabrications à la suite de l'achat de brevets étrangers, des artistes, musiciens et techniciens du spectacle et du cinéma, des mannequins, des chercheurs, des interprètes de conférence, des guides interprètes, des moniteurs de colonies de vacances, des lecteurs-assistants-professeurs et enfin des toreros. La situation de l'emploi est, selon les cas, opposable ou non.

CHAPITRE III

L'IMMIGRATION FAMILIALE (1)

I. — Un problème complexe

1. Une exigence contradictoire aux réponses fluctuantes.

A) Il résulte des principes généraux du droit et, notamment, du Préambule de la Constitution du 27 octobre 1946 auquel se réfère la Constitution du 4 octobre 1958 que les étrangers résidant régulièrement en France ont, comme les nationaux, le droit de mener une vie familiale normale. Ce droit comporte, en particulier, la faculté pour ces étrangers, de faire venir auprès d'eux leur conjoint et leurs enfants mineurs. Il constitue en outre un facteur de meilleure insertion dès lors que les étrangers présents dans notre pays y resteront dans leur majorité d'une façon durable. Cependant, les gouvernements successifs ont parfois hésité à reconnaître ce droit aux étrangers, ou en ont limité l'exercice, car il va à l'encontre d'une politique de limitation de l'immi-

(1) Voir Office des Migrations internationales, « Eléments du droit de l'immigration », et ministère de la Solidarité, de la Santé et de la Protection sociale, « Mémento de la réglementation applicable aux étrangers ».

gration. Comme le montre le tableau ci-après, l'immigration familiale est en effet l'une des causes principales du maintien d'un flux migratoire important vers la France.

Familles et personnes
(toutes nationalités, sauf ressortissants de la CEE à 10)

	1984	*1985*	*1986*	*1987*	*1988*
Membre de familles					
Introduites	7 038	8 277	10 128	12 210	14 703
Régularisées	14 618	10 822	5 708	2 759	1 705
Total	21 656	19 099	15 836	14 969	16 408
Nombre de personnes					
Introduites	15 206	15 314	18 080	21 897	26 257
Régularisées	24 380	17 198	9 036	4 849	3 075
Total	39 586	·32 512	27 116	26 746	29 332

Source : OMI.

En outre, cette immigration pèse sur la vie sociale et économique française : sociale dans la mesure où elle concerne principalement les nationalités qui rencontrent le plus de difficultés pour s'insérer dans la société française : Maghrébins, Turcs ; économique dès lors que les membres de la famille rejoignante ont accès au marché du travail.

B) Les dispositions qui ont été prises par le gouvernement au cours des douze dernières années reflètent, par leurs fluctuations, ces exigences contradictoires. Après avoir été suspendu le 3 juillet 1974, le regroupement familial est de nouveau autorisé à compter du 1er juillet 1975. La situation est normalisée par un décret du 29 avril et une circulaire du 9 juillet 1976. Le régime institué est relativement libéral, encore que la circulaire interdise aux étrangers de ne se faire rejoindre que par une partie de leur famille. Mais dès 1977, un décret du mois de novembre restreignait l'immigration familiale dans des conditions qui lui valaient d'être annulé par le Conseil d'Etat en décembre 1978.

2. Le choix de 1984

A) Pour sa part, le gouvernement nommé en 1981 a longtemps hésité sur les mesures à prendre. Alors que dans l'ensemble la politique suivie en matière d'immigration entraînait des réformes importantes des conditions d'entrée, de séjour et d'emploi des étrangers, les pouvoirs publics maintenaient en matière de regroupement familial les dispositions du décret du 29 avril 1976, une circulaire n° 81-50 du 10 juillet 1981 se contentant d'en assouplir l'application, notamment en supprimant l'obligation de

Part des introductions et des régularisations (en %)

	1984	*1985*	*1986*	*1987*	*1988*
Familles					
Introduites	32,5	43,3	64	81,6	89,6
Régularisées	67,5	56,7	36	18,4	10,4
Total	100	100	100	100	100
Personnes					
Introduites	38,4	47,1	66,7	81,9	89,5
Régularisées	61,6	52,9	33,3	18,1	10,5
Total	100	100	100	100	100

Source : OMI.

regrouper l'ensemble de la famille. C'est qu'en effet, si le gouvernement réaffirmait au cours des Conseils des Ministres des 31 août 1983 et 10 octobre 1984 sa volonté de garantir l'exercice du droit au regroupement familial, il n'en était pas moins conscient des risques sociaux que fait courir une immigration mal maîtrisée : la procédure de l'admission au séjour qui, depuis quelques années, se substituait à la procédure d'introduction par l'OMI, ne donnait pas des garanties d'insertion suffisantes, les conditions de ressources et de logement étant souvent appréciées libéralement.

Comme l'indique le tableau ci-dessus, la procédure de régularisation dépassait les deux tiers pour les familles en 1984 (67,5 %), tandis que les introductions représentaient moins du tiers (32,5 %). En outre, il était patent que de nombreuses familles vivaient en France clandestinement dans l'attente d'une hypothétique régularisation, compromettant ainsi leurs possibilités d'insertion et suscitant de la part des collectivités locales d'accueil des réactions de plus en plus évidentes de rejet.

B) Les dispositions arrêtées par le gouvernement en décembre 1984 (décret n° 84-1080 du 4 décembre 1984 et circulaire conjointe des ministères de l'Intérieur et des Affaires sociales du 4 janvier 1985) se veulent cohérentes par rapport à ces diverses contraintes : le droit au regroupement familial y est réaffirmé clairement, mais le bénéfice en est subordonné à une décision préalable à l'entrée en France des membres de la famille qui dorénavant se fait essentiellement par la voie de l'introduction par l'OMI. L'admission au séjour de familles séjournant en France, sans être totalement supprimée, n'est maintenue qu'à titre exceptionnel et enfermée dans des conditions limitatives. Notons que le décret du 4 décembre 1984 ne fait que modifier l'article 1er du décret du 29 avril 1976, qui reste le texte de base de l'immigration familiale.

II. — Les dispositions nouvelles

1. **Champ d'application.** — Aux termes du décret du 4 décembre 1984, tout ressortissant étranger a le droit de faire venir son conjoint et ses enfants de moins de 18 ans, dès lors qu'il est régulièrement installé en France depuis plus d'un an, et que les conditions d'accueil permettent d'envisager une bonne insertion de la famille. Le nouveau dispositif s'applique à tous les étrangers autorisés à résider en France, qu'ils exercent ou non une activité salariée. Il inclut notamment les ressortissants des sept pays d'Afrique francophone suivants : Sénégal, Cameroun, Côte-d'Ivoire, Bénin, Niger, Mali, Congo. En revanche, les nouvelles dispositions sont facultatives pour les Français ou les ressortissants d'un Etat membre de la CEE qui veulent être rejoints par les membres étrangers de leur famille (dont les conditions d'entrée et de séjour en France sont fixées par le décret n° 81-405 du 28 avril 1981 et la circulaire n° 81-56 du 7 août 1981 du ministère de l'Intérieur) ainsi que pour les ressortissants des Etats africains suivants : Centre Afrique, Gabon, Burkina-Fasso, Mauritanie, Togo.

L'âge maximum de 18 ans est porté à 21 ans pour les enfants de ressortissants des pays membres de la CEE ou de pays signataires de la charte sociale européenne : Autriche, Chypre, Islande, Norvège, Suède. Enfin, seuls les Français et les ressortissants d'un Etat membre de la CEE peuvent demander le bénéfice de la procédure de regroupement familial en faveur de leurs ascendants et descendants (petits-enfants), ou de ceux de leurs conjoints, les collatéraux en étant en principe exclus.

2. **Conditions de fond.** — L'étranger qui demande l'introduction en France de sa famille doit y être fixé avec une certaine stabilité, et y posséder depuis un an au moins un titre de séjour, qui est soit une carte de séjour temporaire, soit une carte de résident. S'il exerce une activité professionnelle non salariée, il doit posséder le titre distinct de la carte de séjour, prévu par la réglementation qui lui est applicable. L'étranger inactif ou celui qui exerce une activité professionnelle non soumise à autorisation doit justifier d'une carte de séjour temporaire mention « visiteur », et justifier de moyens d'existence suffisants. Il doit en second lieu disposer de ressources stables et suffisantes pour subvenir aux besoins de sa famille. S'il est salarié, il doit occuper un emploi lui procurant des ressources pouvant être considérées comme normales pour la famille d'un salarié de même catégorie vivant dans la même région. La condition de stabilité de l'emploi exclut les travailleurs saisonniers, les étudiants autorisés à travailler, les titulaires d'une autorisation provisoire de travail, les boursiers et stagiaires en formation ou perfectionnement professionnel, les demandeurs d'emploi, et les travailleurs qui font l'objet d'une demande d'autorisation de licenciement. S'il s'agit d'un travailleur non salarié (commerçant, artisan), ou d'un étranger n'exerçant aucune activité professionnelle, il doit justifier par tous moyens (notamment par la production de la dernière déclaration à l'impôt sur le revenu) qu'il a retiré de son activité non salariée ou de la gestion de son patri-

moine, depuis un an, des ressources d'un montant au moins équivalent au SMIC. En troisième lieu, le logement dont disposera la famille du demandeur (que ce dernier en soit déjà locataire, ou qu'il ait une promesse ferme de location) doit être conforme aux conditions générales tenues pour normales, pour une famille de même catégorie, dans la même région, et présenter les garanties suffisantes pour une bonne insertion de celle-ci dans son environnement social. Ces conditions sont appréciées, en pratique, par référence aux conditions minimales de superficie fixées pour le bénéfice de l'allocation logement, qui vont de 15 m^2 pour 2 personnes, à 79 m^2 pour 8 personnes, le logement devant en outre disposer des éléments minimum de confort. Enfin, les personnes rejoignantes doivent être reconnues médicalement aptes au contrôle médical assuré par l'OMI, dans le pays d'origine, ce qui exclut celles qui sont atteintes de maladies pouvant mettre en danger soit la santé publique (maladies quarantenaires, tuberculose active de l'appareil respiratoire, maladies sexuellement transmissibles et contagieuses, maladies infectieuses ou parasitaires contagieuses), soit la sécurité publique (altérations psychomentales et toxicomanies). L'introduction peut par ailleurs être refusée à ceux des membres de la famille dont la présence sur le territoire français constitue une menace pour l'ordre public, cette notion devant être interprétée strictement et excluant notamment toute appréciation qui se fonderait sur des considérations d'ordre économique (emploi) ou sociale (seuil prétendu de tolérance de présence des étrangers).

3. La procédure

A) *Cas général.* — C'est à la Direction départementale de l'Action sanitaire et sociale (DDASS) du futur lieu de résidence de la famille que le requérant doit déposer sa demande. Celle-ci saisit le Centre régional de l'OMI qui assure le contrôle du logement dont disposera la famille à son arrivée et du caractère stable et suffisant des ressources de la famille. Il vérifie également auprès de la DDTE compétente que les étrangers salariés ne font pas l'objet d'une demande de licenciement. Après enquête, le Centre régional de l'OMI formule un avis favorable ou défavorable à la demande d'introduction et retourne le dossier à la DDASS. Pour éviter que les délais d'instruction des demandes par l'administration soient trop longs et justifient comme antérieurement un détournement des procédures, la circulaire du 4 janvier 1985 a imposé aux différents intervenants des délais relativement courts. Le principe d'un délai total de deux mois entre le dépôt de la demande à la DDASS et la notification de la décision préfectorale a été décidé : l'OMI et la Direction de la Réglementation de la préfecture disposent de trente jours pour transmettre à la DDASS le premier le résultat de ses enquêtes, la seconde son avis sur le problème de l'ordre public. A défaut d'un avis formulé dans ce délai de trente jours, les conditions relatives aux ressources, au logement et à l'ordre public sont présumées satisfaites. Pour leur part, la DDASS et le préfet disposent chacun d'un délai de quinze jours, la première pour communiquer son avis à la préfecture, le second pour prendre la décision finale d'accord ou de refus d'introduction de la famille. La décision du préfet est transmise à l'OMI qui, si elle est positive, a la charge de la mettre en œuvre, en organisant dans le pays d'origine de la famille rejoignante, soit par ses missions, soit par les consulats, le contrôle médical dont le résultat positif rend la décision préfectorale exécutoire.

A leur arrivée en France, les membres de la famille bénéficient d'une carte de séjour de même nature que celle détenue par le chef de famille, c'est-à-dire soit d'une carte de séjour temporaire portant la mention « membre de famille », soit d'une carte de résident. L'accès à un emploi salarié est immédiat pour le titulaire de la carte de résident. Sous réserve de produire un contrat de travail, le titulaire de la carte de séjour temporaire « membre de famille » pourra recevoir une carte de séjour temporaire « salarié » sans opposition de la situation de l'emploi.

B) *Cas particuliers*

a) La famille d'un travailleur étranger peut être introduite en France en même temps que celui-ci ; c'est la procédure dite de « famille accompagnante » qui n'a, depuis 1974, année de suspension de l'immigration des travailleurs permanents, qu'un caractère exceptionnel, et ne concerne dans la majorité des cas que des familles accompagnant un cadre de haut niveau qui, à ce titre, a pu bénéficier d'un contrat d'introduction en France. Dans le cadre de cette procédure, c'est l'employeur qui a souscrit le contrat de travail qui formule également la demande d'introduction de la famille. Comme dans la procédure précédente, la demande est adressée à la DDASS et l'OMI diligente une enquête logement.

b) En prenant le décret du 4 décembre 1984, le gouvernement n'a pas voulu aller jusqu'à interdire, purement et simplement, l'admission au séjour. Au demeurant, il n'est pas certain qu'une telle disposition n'eût pas été illégale, et susceptible d'un avis défavorable du Conseil d'Etat. Il en a donc admis le principe, à titre exceptionnel, en la subordonnant à des conditions restrictives et cumulatives : pour solliciter l'admission au séjour en étant déjà sur le territoire français, les membres d'une famille doivent être en situation régulière en France pour une durée supérieure à trois mois, en qualité de visiteur ou d'étudiant, ou pour l'exercice d'une activité professionnelle, et pouvoir invoquer un motif légitime (par exemple mariage contracté avec un étranger depuis l'arrivée en France). Bien entendu, les conditions de fond doivent être remplies. Dans ce cas, l'enquête sur le logement et les ressources est diligentée par la DDASS, et le contrôle médical effectué en France dans un centre régional de l'OMI.

c) Jusqu'en décembre 1985, les ressortissants algériens faisaient l'objet d'une procédure spécifique découlant de l'accord franco-algérien du 27 décembre 1968. Un avenant à cet accord, signé le 22 décembre 1985, prévoit l'application aux Algériens de la procédure de droit commun du regroupement familial. Toutefois, le minimum de séjour d'un an du chef de famille n'est pas exigé pour présenter une demande ; d'autre part, les enfants de moins de 18 ans à charge en vertu d'une décision de l'autorité judiciaire algérienne, peuvent bénéficier du regroupement.

CHAPITRE IV

LES DROITS SOCIAUX DES ÉTRANGERS (1)

I. — La couverture sociale

1. **Le principe d'égalité entre les Français et les étrangers.** — D'une manière générale, les étrangers qui travaillent en France sont astreints aux mêmes cotisations sociales que les Français et bénéficient des mêmes prestations.

A) *Assurances sociales.* — L'article L 311-2 du nouveau Code de la Sécurité sociale prévoit que les travailleurs étrangers sont assurés obligatoirement dans les mêmes conditions que les travailleurs français. Dès que l'immatriculation est demandée par son employeur à la Sécurité sociale, et sous réserve des durées minimales d'assurance ou de cotisation, l'immigré bénéficie *des prestations en nature et en espèces des assurances maladie, invalidité, décès, accident du travail et veuvage*, et peut commencer à accumuler *des droits à pension*. Ses ayants droit, dont la liste

(1) Sur ce sujet voir Ecole nationale d'Administration, Séminaire juillet 1984. Rapport d'un groupe d'élèves : « Les immigrés et la protection sociale. »

est définie comme pour les Français par les articles L 313-3, R 313-12 et R 313-13 du Code de la Sécurité sociale, bénéficient également de l'assurance maladie. Cependant, en application de la règle de la territorialité des droits, ce bénéfice est réservé à ceux qui ont leur résidence en France. Les étrangers qui résident en France depuis plus de trois mois sans y exercer une activité professionnelle, peuvent en ce qui les concerne souscrire une assurance personnelle dans les conditions prévues par la loi du 2 janvier 1978. A noter qu'aucun contrôle de la régularité de séjour n'est effectué au moment de l'immatriculation ; cependant, les caisses primaires sont supposées vérifier, à l'occasion de chaque paiement, que les intéressés ont passé le contrôle médical requis par l'OMI, faute de quoi elles sont fondées, en application de l'article L 374-1, al. 1, 2, 3, 5 et 6 du Code de la Sécurité sociale, à demander le remboursement des prestations à l'employeur.

S'agissant des *prestations familiales*, l'article L 512-2 du Code de la Sécurité sociale dispose : « Bénéficient de plein droit des prestations familiales dans les conditions fixées par le présent livre les étrangers titulaires d'un titre exigé d'eux pour résider régulièrement en France. » L'étranger dont la famille réside en France a donc droit à l'ensemble des prestations familiales dans les mêmes conditions que les Français à une exception près : l'allocation de logement social, qui obéit à des règles particulières. Pour les allocations postnatales, l'allocataire est obligatoirement la mère qui doit être en possession d'un titre de séjour régulier en cours de validité (circulaire du ministère des Affaires sociales n° 80-255 du 3 décembre 1980). Pour les autres prestations, l'allocataire est le père ou la mère, au choix des parents. La liste des titres et documents qui justifient la régularité du séjour au sens de l'article L 512-2 du Code de la Sécurité sociale a été fixée par le décret n° 87-289 du 27 avril 1987.

Les prestations vieillesse sont versées au travailleur étranger qui a validé au moins un trimestre pendant sa vie active. Il a droit à toutes les prestations contributives du régime général, la pension étant calculée comme pour les Français en fonction de la durée d'assurance, du salaire annuel moyen de base et du taux applicable à celui-ci. Si la pension ainsi calculée est inférieure à 688 F (2) par an, l'assuré reçoit un versement forfaitaire unique égal à quinze fois le montant annuel de la pension calculée. Lorsque son pays n'a pas signé de convention avec la France, les droits de l'étranger sont très différents selon qu'il réside ou non en France au moment où il demande la liquidation de sa pension. S'il réside en France, les droits à pension qu'il tire de la législation française sont préservés, sa pension étant calculée selon la seule réglementation française, sans qu'il soit tenu compte de ses périodes d'activité à l'étranger pour la détermination du taux et de la durée d'assurance. S'il a quitté le territoire national, l'étranger n'a droit, en application des textes en vigueur, qu'à la rente obtenue en contrepartie des cotisations versées entre 1930 et 1940, période pendant laquelle le régime de retraite fonctionnait selon le régime de la capitalisation. C'est dire que, le plus souvent, il n'a droit à rien. Cette situation est cependant évitée par des conventions internationales qui permettent à certains étrangers de bénéficier de leur pension de retraite quel que soit leur lieu de résidence. Aux Tchèques et aux Polonais est appliqué le principe de la « totalisation-prorati-

(2) Taux minimum au 1er janvier 1990.

sation » : dans un premier temps, on additionne les périodes d'assurance dans les deux pays où l'assuré a travaillé et on calcule la pension compte tenu de cette durée totale d'assurance. Dans un second temps, la pension française est calculée au prorata de la durée d'assurance en France. Les ressortissants de l'Algérie, du Bénin, du Canada, du Maroc, du Portugal, de la Suède et de la Suisse bénéficient d'un régime de liquidation séparée. Les mêmes principes s'appliquent aux régimes spéciaux, comme le régime minier, les étrangers et leurs ayants droit ne pouvant bénéficier des mêmes prestations que les travailleurs français que s'ils ont leur résidence en France, sauf convention internationale. En revanche, pour les régimes complémentaires, qui au demeurant ne font pas l'objet d'actes internationaux, le droit applicable aux travailleurs immigrés est le droit commun, sans condition de résidence.

B) *Les prestations non contributives.* — L'aide sociale est en partie ouverte aux étrangers. L'article 124 du Code de la Famille et de l'aide sociale dispose en effet que « Toute personne résidant en France bénéficie, si elle remplit les conditions légales d'attribution, des formes d'aide sociale définies par le présent Code ». Ce principe s'applique indépendamment du caractère régulier ou non du séjour. Toutefois, l'article 186 du même Code y apporte certaines restrictions : en l'absence de convention, les étrangers n'ont droit à l'aide à domicile aux personnes âgées que sous condition d'une durée de résidence ininterrompue de plus de quinze ans et à l'aide médicale à domicile que sous condition d'une durée de résidence de trois ans. En revanche, l'aide sociale à l'enfance peut être accordée sans condition de durée de résidence. Au contraire de l'aide sociale, les étrangers ne peuvent bénéficier en l'absence de convention, ni de l'allocation supplémentaire du Fonds national de Solidarité, ni de l'allocation aux adultes handicapés, ni de l'allocation spéciale vieillesse.

En revanche, ils bénéficient du Revenu minimum d'insertion dans les conditions fixées par la loi n° 88-1088 du 1er décembre 1988 (art. 8) et par la circulaire du ministère de la Solidarité, de la Santé et de la Protection sociale du 14 décembre 1988, qui exigent des bénéficiaires une résidence régulière en France de plus de trois ans (ce qui exclut les visiteurs, les étudiants et les saisonniers).

C) *L'assurance chômage.* — Les travailleurs étrangers, comme les nationaux, doivent être inscrits à l'Agence nationale pour l'Emploi (ANPE) pour bénéficier des allocations chômage. Ils doivent pour s'inscrire être titulaires d'un titre de séjour et de travail (titre unique). Pour les conjoints et enfants entrés au titre du regroupement familial, la délivrance de droit d'un titre unique leur donne la possibilité de s'inscrire à l'ANPE. Les étrangers qui relèvent de statuts spéciaux pour l'exercice en France d'une activité professionnelle peuvent s'inscrire sur production des titres spécifiques qui leur sont applicables.

Dès lors qu'ils sont en situation régulière et qu'ils sont inscrits à l'ANPE, les étrangers bénéficient des mêmes allocations que les travailleurs français : allocations de base, de fin de droits, de solidarité, d'insertion et de garantie de ressource. Cependant, l'obligation d'être pour le bénéficiaire en situation de recherche d'emploi, que vérifie l'ANPE, s'oppose à l'exportation de ces allocations si le travailleur retourne dans son pays (sous réserve de ce qui est dit *infra* au chapitre IV de la troisième partie).

2. **Le rôle des conventions internationales.** — Le fait pour l'étranger de travailler dans un pays différent de son pays d'origine l'expose à des difficultés spécifiques, soit pour lui-même quant à la conservation de ses droits acquis (retraite), soit pour ses ayants droit restés dans le pays d'origine, qui se trouvent exclus du bénéfice de l'assurance maladie et des prestations familiales en raison du principe de territorialité qui s'applique à la Sécurité sociale. C'est le rôle des conventions internationales d'assurer en partie les adaptations nécessaires.

A) *Les conventions multilatérales.* — Elles ont été élaborées sous l'égide des organisations internationales : ONU, Organisation internationale du Travail (OIT), Conseil de l'Europe. Ces accords permettent de régler la situation de catégories particulières de travailleurs (bateliers rhénans, gens de mer, transports internationaux), et constituent des engagements à respecter des principes généraux tels que la non-discrimination, l'égalité de traitement et la conservation des droits acquis, et à atteindre des normes minimales de Sécurité sociale.

B) *Les règlements CEE de Sécurité sociale.* — Pris en application de l'article 51 du traité de Rome, les règlements 1408/71 (modifié par le règlement 3427/89) pour les salariés, 2793/81 et 3795/81 pour les non-salariés concrétisent le principe de liberté de circulation en levant, à l'intérieur de la Communauté, les clauses de résidence pour l'octroi des droits sociaux. Il convient de noter toutefois que si l'allocation aux adultes handicapés (AAH) et l'allocation supplémentaire du Fonds national de Solidarité (FNS) sont versées, le cas échéant, aux ressortissants communautaires résidant en France, elles ne sont pas exportées. Il en résulte que le migrant est soumis en principe intégralement à la législation du pays d'emploi, que les ayants droit bénéficient des prestations du pays où ils résident comme si le travailleur vivait avec eux, et que les prestations sont versées par les institutions du pays de résidence pour le compte des institutions du pays d'emploi des travailleurs.

Créé en 1959 pour mettre en œuvre les règlements CEE, le Centre de Sécurité sociale des travailleurs migrants avait initialement pour mission d'assister les organismes de Sécurité sociale pour appliquer les règlements communautaires, intervenir dans le paiement des prestations, et fournir à la Commission de la CEE les statistiques nécessaires aux remboursements. Depuis 1962, son rôle a été étendu aux paiements et encaissements effectués dans le cadre des conventions bilatérales.

C) *Les conventions bilatérales.* — Elles comprennent les conventions de Sécurité sociale et d'assistance sociale, et les protocoles annexes, arrangements administratifs et échanges de lettres qui les complètent. Fondées sur le principe de l'égalité de traitement et de la réciprocité, elles visent à garantir le maintien des droits pour les étrangers en France comme pour les Français à l'étranger. Les conventions d'assistance sociale suppriment notamment les conditions de durée de résidence pour l'admission à l'aide sociale. Les conventions de Sécurité sociale réalisent, par un abandon du principe de territorialité, la coordination et la continuité des droits sociaux et la couverture des ayants droit restés au pays d'origine. En matière d'assurance maladie, les prestations sont le plus souvent servies par les institutions du pays de résidence des familles qui sont ensuite remboursées par la France soit sur factures, soit sur une base forfaitaire. En ce qui concerne les allocations familiales, les ayants droit restés au pays d'origine reçoivent soit des « indemnités pour charges de famille » versées par la France, soit des « participations » aux prestations familiales du pays de résidence qui sont ensuite remboursées par la France aux institutions des pays. Pour les retraités, nous l'avons vu, les conventions suppriment les conditions de résidence pour leur liquidation et leur versement, et assurent la conservation des droits acquis dans d'autres pays. Ainsi, et malgré quelques imperfections, le dispositif mis en œuvre par les conventions internationales adapte au mieux le système de Sécurité sociale français aux travailleurs migrants et à leurs familles.

II. — Le coût de la couverture sociale des étrangers

1. **Vrai ou faux problème ?** — Dans un pays où la protection sociale repose, à côté de règles d'assurances et de répartition, sur un principe de solidarité nationale, il n'y a pas lieu de s'interroger sur le coût de telle ou telle catégorie sociale. Sinon pourquoi les immigrés, plutôt que les alcooliques, les accidentés de la route et du travail, et pourquoi pas les handicapés ? Question d'autant plus vaine qu'elle est sans réponse précise en l'absence d'un instrument statistique adéquat : les dépenses en faveur des immigrés et les contributions de ces derniers ne sont généralement pas isolables et le facteur relatif à la nationalité n'est pas nécessairement utile à la mission des organismes gestionnaires. Quand l'information statistique

existe, elle est souvent partielle et son extrapolation sujette à caution.

2. **Evaluation.** — A partir du moment où la question est posée devant l'opinion publique, mieux vaut cependant lui apporter la réponse la plus juste possible. Les chiffres qui suivent sont extraits d'une étude réalisée en 1984 dans le cadre d'un séminaire par des élèves de l'Ecole nationale d'Administration, étude qui constitue actuellement l'approche la plus objective de ce problème. Les informations traitées par les intéressés ont été recueillies auprès des Caisses nationales d'Assurance vieillesse et d'Assurance maladie (CNAV et CNAM), de la Caisse d'Allocations familiales de la région parisienne (CAFRP) ; de l'UNEDIC, de la Caisse de Retraite des Ouvriers du Bâtiment (CNRO) et de l'Association des Régimes de Retraites complémentaires. Les estimations suivantes peuvent être avancées :

A) *Assurance maladie et assurance vieillesse.* — Les assurances maladie et vieillesse font apparaître un solde positif des cotisations sur les prestations. On doit noter toutefois que pour la vieillesse, la situation évolue rapidement, sans que des chiffres précis puissent être fournis actuellement.

a) Assurance maladie. — En 1982, les étrangers qui résident en France ont consommé 10 milliards de francs de prestations, soit 6,3 % des dépenses totales du régime général (159,4 milliards), alors qu'ils représentent 8,3 % des effectifs des cotisants, et leurs cotisations 7,6 % des cotisations totales. Les immigrés consomment donc proportionnellement moins de prestations maladie que la population totale et contribuent même davantage que cette dernière à la compensation des régimes déficitaires. Cette sous-consommation globale est le résultat d'un recours moins fréquent à la médecine de ville, et à l'inverse plus important aux dépenses hospitalières et aux indemnités journalières de la Sécurité sociale.

b) Assurance vieillesse. — En 1982, la CNAV a financé 5,4 milliards de francs de prestations vieillesse au bénéfice des étrangers, soit 5,03 % de dépenses totales (107,2 milliards de francs) alors que ceux-ci représentent 8,3 % des cotisants et leurs cotisations 7,9 % des cotisations totales. Les immigrés contribuent donc d'une façon positive à l'excédent du régime général vieillesse et, par voie de conséquence, à l'équilibre des régimes déficitaires, pour une part supérieure à leur représentation. Les régimes de retraite complémentaire sont dans une situation comparable : c'est le cas de l'ARRCO et de la Caisse nationale de Retraite des Ouvriers du Bâtiment, dont une étude statistique fait apparaître un bilan équilibré pour les étrangers, contre un bilan déficitaire pour l'ensemble de la population.

B) *Autres prestations.* — A l'inverse de ce qui précède, les prestations familiales, de chômage, d'accidents du travail et d'aide sociale versées aux étrangers sont d'un coût relativement supérieur à celui des prestations perçues par les Français.

a) Prestations familiales. — Les prestations familiales perçues par les étrangers représentent en 1982 14,4 % des prestations totales, pour un taux de cotisations de 7,9 %. Ce poids résulte du nombre d'allocataires, 10,4 %, et du nombre total d'enfants, 13,6 %, supérieur à leur part dans la population totale ; la seule population maghrébine représentant 37,5 % des allocataires étrangers, 45,3 % de leurs enfants, et percevant 51,5 % de leurs prestations familiales.

b) Assurance chômage. — En 1982, les immigrés ont reçu 6,2 milliards de francs au titre de l'indemnisation du chômage, soit 8,3 % des prestations totales (74,2 milliards de francs), alors qu'ils n'apportent que 7,5 % des cotisations. En pourcentage, les prestations perçues (8,3 %) sont inférieures au pourcentage de chômeurs étrangers indemnisés (11,3 %) en raison du nombre réduit de ceux qui bénéficient des allocations de préretraite. Mais globalement, leur poids relativement important parmi les demandeurs d'emploi inscrits à l'ANPE entraîne un bilan financier cotisations-prestations défavorable.

c) Accidents du travail. — Les statistiques nationales d'accidents du travail établies par la CNAM évaluent à 21 %, soit 4,4 milliards de francs sur un total de 21,3 milliards la part des prestations servies aux étrangers, alors qu'ils ne représentent que 6,1 % des effectifs pris en compte. Il est donc probable, bien que non chiffré, que le bilan coût-cotisations est négatif pour les immigrés.

d) Aide sociale. — Il n'existe aucune statistique nationale portant sur l'ensemble des prestations d'aide sociale perçues par les étrangers, l'enquête annuelle du ministère des Affaires sociales n'isolant que les bénéficiaires de l'aide médicale hospitalière et deux formes d'aides aux handicapés. L'extrapolation nationale d'une étude portant sur trois départements permet cependant d'évaluer les dépenses imputables aux étrangers à 12 %, soit 4,2 milliards de francs sur un total de 35 milliards de francs. Ce pourcentage, très supérieur à la part des immigrés dans la population résulte de l'aide médicale et de l'aide à l'enfance, plus que des aides aux personnes âgées et aux handicapés pour lesquelles les étrangers sont plutôt sous-consommateurs.

3. **Interprétation des résultats.** — Globalement, le rapprochement des chiffres ci-dessus aux effectifs des étrangers en France (soit 6,8 % de la population totale) amène au constat suivant :

En milliards de francs

	Population totale	*Part théorique des étrangers selon leurs effectifs*	*Part réelle des étrangers*	*Différence*	
				positive	*négative*
Solde cotisations-prestations :					
du régime général de l'assurance maladie	+ 13,1	0,9	2	1,1	
du régime général vieillesse	+ 15,2	1	3,6	2,6	
du régime général des prestations familiales	— 7,7	— 0,5	— 7,4		6,9
d'assurance chômage	— 10,8	— 0,7	— 1,6		0,9
Accidents du travail	21,3	1,4	4,4		3
Aide sociale ([1])	35	2,4	4,2		1,8
Total				3,6	12,6

([1]) Hors RMI, dont 41 000 étrangers soit 13,7 % des allocataires bénéficient en avril 1990 pour un coût de l'ordre de 800 MF.

Source : Etude ENA.

Ce que l'on considère comme le « surcoût » de la protection sociale des étrangers serait donc de l'ordre de 9 milliards de francs. On est donc loin des chiffres généralement avancés. Mais ce chiffre lui-même doit être relativisé.

A) *Dans le temps*. — La structure démographique de l'immigration a une incidence évidente sur les équilibres financiers de la protection sociale. Si aujourd'hui, du fait du regroupement familial et du nombre élevé d'enfants, le bilan en est négatif, l'immigration de main-d'œuvre s'est soldée dans le passé par une contribution financière positive. Ainsi, au recensement de 1962, la classe d'âge 15-64 ans représentait 72,1 % de la population étrangère contre 62,2 % de la population française. Le taux de féminisation de la population étrangère était de 38,2 % contre 52,1 % pour la population française. Le taux d'activité était de 50,4 % pour les étrangers contre 41 % pour les Français. Une étude exhaustive du coût de la protection sociale des étrangers devrait donc porter sur une longue période et prendre en considération l'évolution structurelle de l'immigration.

B) *Dans sa signification.* — S'agissant des prestations familiales, est-il nécessaire de rappeler qu'elles ont été instituées pour lutter contre la baisse de la natalité en aidant les familles nombreuses ? Au fil du temps, elles sont largement devenues un complément de salaire modulé en fonction du quotient familial. Introduire, comme le suggèrent certains, une sorte de « malus » à l'encontre des étrangers reviendrait à considérer les familles nombreuses comme une tare et partant, à renier les principes mêmes qui ont inspiré ce dispositif d'aides. Il paraît difficile de souscrire à une telle discrimination. Quant aux trois autres régimes dans lesquels le poids des immigrés est relativement plus lourd que celui de l'ensemble de la population, ils ne font que refléter une réalité non moins évidente : c'est que les emplois que les immigrés occupent dans les entreprises en font les victimes les plus nombreuses des accidents du travail, et la place qui leur est faite dans l'économie les premiers atteints par la crise. Peut-on considérer cela comme des privilèges? Mais à l'inverse, les immigrés qui veulent démontrer que les étrangers sont exploités sur le plan de la couverture sociale s'engagent dans une voie bien hasardeuse. Le versement de plus d'un milliard de francs des régimes de prestations sociales au Fonds d'Action sociale, qui permet de financer des actions spécifiques en faveur des communautés immigrées est, il est vrai, le plus souvent justifié par le manque à gagner qu'entraînerait pour les travailleurs étrangers le principe de la territorialité des allocations. Cette explication étant démentie par les faits, c'est à tort que certains qualifient ce versement « d'argent des immigrés ». Il convient donc de renvoyer dos à dos ceux qui pensent qu'en matière de couverture sociale on fait trop pour les étrangers et ceux qui estiment qu'on ne fait pas assez.

4. **Observation.** — Les données relatives aux dépenses sociales évoluant rapidement, il est probable que les chiffres du tableau ci-dessus, qui se réfèrent à des données de l'année 1982, seraient sensiblement modifiés s'il était possible de les actualiser. En l'absence de toute étude officielle sur ce sujet depuis 1982, une telle actualisation n'est pas possible. On ne peut que le regretter. Souhaitons que l'observatoire de l'immigration dont le gouvernement a annoncé la mise en place permettra d'avoir à l'avenir une meilleure connaissance de ces éléments.

TROISIÈME PARTIE

L'ACTION DES POUVOIRS PUBLICS

Le gouvernement a, à plusieurs occasions (Conseils des ministres des 31 août 1983 et 10 octobre 1984 et débat parlementaire des 6 juin 1985 et 22 mai 1990), défini les axes principaux de la politique de l'immigration :

— maîtrise des flux migratoires, et conjointement lutte contre l'emploi irrégulier et les trafics de main-d'œuvre étrangère ;

— insertion professionnelle, sociale et culturelle des communautés immigrées installées durablement en France ;

— aide à la réinsertion volontaire dans le pays d'origine.

Mais avant d'étudier les trois axes de cette politique, il est utile d'en rappeler les instruments.

CHAPITRE PREMIER

LES INSTRUMENTS DE LA POLITIQUE DE L'IMMIGRATION

I. — Historique

Bien que ce soit une ordonnance du 2 novembre 1945 qui ait fixé les bases de la réglementation applicable aux étrangers venant séjourner et travailler en France, les préoccupations du gouvernement en matière d'immigration ne se sont pas traduites dès l'époque par la mise en place d'une structure spécifique au niveau ministériel. Le gouvernement crée bien, par le décret du 12 avril 1945, le Haut Comité de la Population et de la Famille qui jouera un rôle important dans l'élaboration du Code de la nationalité et des dispositions relatives à l'entrée et au séjour des étrangers, et, par l'ordonnance du 2 novembre 1945, avec l'Office national d'Immigration, un établissement public doté du monopole des opérations de recrutement et d'introduction des travailleurs étrangers et de leurs familles. Mais il faudra attendre le gouvernement Pompidou constitué le 8 janvier 1966 après l'élection présidentielle de décembre 1965, pour voir apparaître, au sein d'un ministère des Affaires sociales confié à Jean-Marcel Jeannerey, la Direction de la Population et des Migrations (DPM), née de l'éclatement de l'ancienne Direction générale de la Population et de l'Action sociale, en deux nouvelles structures, la seconde étant la Direction de la Famille, de la Vieillesse et de l'Action sociale. Dès lors, la DPM subira, sur le plan de son rattachement ministériel, le contrecoup de structures gouvernementales différentes, étant successivement rattachée au ministère du Travail avec M. Fontanet, des Affaires sociales avec M. Edgar Faure, de nouveau au Travail avec MM. Gorse, Durafour, Beullac, Boulin et Matteoli, pour revenir aux Affaires sociales en 1981, avec successivement comme ministres Mme Questiaux, M. Bérégovoy, Mme Dufoix, MM. Seguin et Evin. Parallèlement, cette période est marquée par l'apparition d'un secrétariat d'Etat aux travailleurs immigrés qui traduit, au-delà du souci d'équilibrage politique propre à chaque gouvernement, la volonté d'une maîtrise plus grande des problèmes de l'immigration. Cette tâche a été confiée successivement à MM. Postel Vinay (en 1974), Dijoud (1974-1977), Stoleru (1977-1981), Autain (1981-1983) et à Mme G. Dufoix (1983-1984).

II. — Structures actuelles

Un ensemble de structures diversifiées est aujourd'hui à la disposition du gouvernement pour lui permettre de mettre en œuvre sa politique de l'immigration.

1. **Au niveau interministériel.** — Compte tenu de la diversité et de la complexité des problèmes que pose la présence des étrangers en France, qui implique à peu près toutes les administrations, il eût été normal, pour ne pas dire opportun, que le gouvernement créât une structure de coordination interministérielle, à travers un secrétariat d'Etat rattaché au Premier ministre, et au minimum un délégué interministériel. Ce choix n'a jamais été opéré avant 1989, sans doute parce que les problèmes prédominants étant ceux de l'emploi et de l'insertion socioprofessionnelle des immigrés apparaissaient de la compétence plus spécifique des ministères chargés du Travail et des Affaires sociales. Aussi bien, le seul niveau d'intervention interministérielle dans ce domaine résidait-il dans le Haut Comité de la Population et de la Famille que le gouvernement a décidé de réformer, en créant par le décret n° 85-1125 du 23 octobre 1985 un Haut Conseil de la Population et de la Famille, présidé par le Président de la République. En créant simultanément, à la fin de l'année 1989 et au début de l'année 1990, un Comité interministériel pour

l'Intégration, un secrétaire général à l'Intégration et un Haut Conseil à l'Intégration de 9 membres, le gouvernement s'est donné les moyens d'une action plus globale et mieux coordonnée.

2. **Au niveau ministériel.**

A) *La Direction de la Population et des Migrations* est, dans le gouvernement de M. M. Rocard, placée sous l'autorité du ministre de la Solidarité, de la Santé et de la Protection sociale, ce gouvernement ne comportant pas de secrétaire d'Etat chargé de l'Immigration. Elle est notamment chargée, par l'arrêté du 9 septembre 1983, de préparer, de proposer, de vérifier et de mettre en œuvre les mesures générales relatives aux migrations internationales, ainsi qu'au statut et à l'insertion des communautés étrangères. A ce titre, elle élabore la réglementation appliquée par les services extérieurs des ministères sociaux ; elle traite les dossiers de dérogations à la suspension de l'immigration de travailleurs étrangers ; elle coordonne les actions menées en faveur des étrangers par les autres départements ministériels, dans les domaines de l'action sociale, de l'éducation, de la culture, de la formation professionnelle, ainsi que des études et recherches en matière de population et d'immigration. Enfin, elle exerce la tutelle de l'Administration sur l'Office des Migrations internationales (OMI), le Fonds d'Action sociale pour les Travailleurs immigrés et leurs Familles (FAS) et l'Institut national d'Etudes démographiques (INED).

B) *Le secrétariat de la Commission nationale pour le Logement des Immigrés (CNLI).* — Compte tenu de l'acuité particulière du problème du logement pour les immigrés, un arrêté interministériel du 11 mai 1976 a créé la Commission nationale pour le Logement des Immigrés qui comprend le ministre chargé des Immigrés (président) et les ministres chargés du Budget, de l'Urbanisme et du Logement, de l'Aménagement du Territoire, ainsi que le président du Fonds d'Aménagement urbain. Le secrétariat général de la Commission est un service du ministère des Affaires sociales qui, au même titre que la DPM, est rattaché directement au ministre. Le secrétariat général de la CNLI a pour mission de mettre en œuvre la politique spécifique du ministère en ce qui concerne le logement des travailleurs immigrés et leurs familles. Il dispose pour cela de la fraction de la participation des employeurs à l'effort de construction réservée par priorité au logement des immigrés (1/9). Ce financement représente environ 1 milliard par an. Il fait l'objet de décisions de l'Association financière interrégionale des Collecteurs interprofessionnels du 1 pour 100 logement (AFICIL) qui interviennent dans les conditions définies par la CNLI.

C) *La Mission de Liaison interministérielle pour la Lutte contre le Travail clandestin, l'Emploi non déclaré et les Trafics de Main-d'œuvre.* — Si le nom de la mission souligne le caractère interministériel de son rôle, elle est structurellement rattachée au ministère du Travail, de l'Emploi et de la Formation professionnelle, et son financement est inscrit au budget de ce ministère. Créée par le décret n° 90-656 du 25 juillet 1990, elle est chargée d'animer et de coordonner les actions mises en œuvre par les pouvoirs publics pour lutter contre l'introduction, l'emploi et l'hébergement irréguliers de main-d'œuvre étrangère. Elle fait toutes propositions en vue d'améliorer l'efficacité de la prévention et de la répression dans ce domaine.

D) *Le Conseil national des Populations immigrées.* — Au niveau national, la concertation du gouvernement avec les partenaires sociaux (syndicats patronaux et de salariés) s'effectuait depuis le décret du 17 mai 1973 au sein de la Commission nationale de la Main-d'Œuvre étrangère, créée auprès du Comité supérieur de l'Emploi et présidée par le ministre du Travail. Elle a été régulièrement consultée par le gouvernement jusqu'en octobre 1982 sur l'emploi des travailleurs étrangers et sur les questions qui s'y rattachent. Par le décret n° 84-399 du 28 mai 1984, la Commission nationale a été remplacée par le Conseil national des Populations immigrées. La réforme ainsi réalisée a eu pour objectifs essentiels : l'élargissement des missions de cette instance de concertation — dorénavant placée auprès du ministre chargé des Immigrés — à l'ensemble des problèmes de l'immigration, la représentation majoritaire des populations immigrées et la participation d'administrations ou d'organismes qui n'étaient pas représentés à la CNMOE.

3. **Les organismes sous tutelle.** — Pour remplir ses missions, la Direction de la Population et des Migrations s'appuie, en tant que de besoin, sur les préfectures et sur les directions régionales ou départementales soit du travail et de l'emploi, soit de l'action sanitaire et sociale. Mais pour une partie importante de son action, elle a recours à des organismes autonomes sur lesquels elle exerce la tutelle de l'administration. Ces organismes comprennent à la fois des établissements publics et des associations.

A) *Les établissements publics.* — Deux établissements publics à caractère administratif ont un rôle prépondérant dans le domaine de l'immigration, l'Office des Migrations internationales (OMI), qui intervient sur les flux migratoires, et le Fonds d'Action sociale pour les Travailleurs immigrés et leurs Familles (FAS), qui finance des actions d'insertion.

a) L'OMI. — Etablissement public administratif doté de la personnalité morale et juridique, ainsi que de l'autonomie financière, l'OMI a été créé par l'ordonnance du 2 novembre 1945 pour recruter, sélectionner et introduire en France la main-d'œuvre étrangère nécessaire à l'économie nationale. Sa compétence a été étendue par le décret du 26 mars 1946 à l'introduction des familles des travailleurs étrangers. Depuis la suspension de l'immigration en 1974, l'Office a vu ses activités se diversifier, toujours au bénéfice des immigrés, notamment par les actions tendant à faciliter leur réinsertion dans leur pays d'origine. Outre son siège national, l'OMI dispose de sept centres régionaux (Lille, Lyon, Marseille, Nancy, Paris, Toulouse, Tourcoing), de 24 bureaux départementaux d'accueil et de représentations implantées dans dix pays (Espagne, Mali, Maroc, Mauritanie, Portugal, Québec, Sénégal, Tunisie, Turquie, Yougoslavie). Son financement est assuré par le remboursement des frais d'immigration des travailleurs et des familles, par le produit de la taxe sur le renouvellement des titres de travail et par la contribution spéciale, amende administrative frappant les employeurs de main-d'œuvre clandestine. Par ailleurs, et pour des actions au profit des travailleurs étrangers, le budget de l'OMI reçoit des financements spécifiques de l'Etat. Pour 1990, son budget est de l'ordre de 238 millions de francs.

b) Le FAS. — Comme l'OMI, le FAS est un établissement public administratif autonome doté de la personnalité morale et juridique et de l'autonomie financière. A l'origine (ordonnance du 29 décembre 1958), le « Fonds d'Action sociale pour les Travailleurs musulmans en Métropole et leurs Familles » a été créé pour promouvoir une action sociale en faveur des seuls Algériens. Sa compétence a été étendue successivement à l'ensemble des étrangers venant travailler à titre permanent en France (décret du 24 avril 1964), aux travailleurs temporaires et aux groupes sociaux posant des problèmes d'insertion sociale analogues à ceux des travailleurs étrangers (décret du 14 septembre 1966). Le Fonds d'Action sociale pour les Travailleurs immigrés et leurs Familles a été réformé en dernier lieu par le décret n° 90-142 du 14 février 1990 qui redéfinit sa mission, augmente la représentation des communautés étrangères et assouplit les règles de fonctionnement. Depuis 1983, l'action sociale en faveur des immigrés a été régionalisée par la mise en place, dans les dix principales régions d'immigration, de « Commissions régionales pour l'Insertion des Populations immigrées » (CRIPI). Notons qu'à la différence de la plupart des établissements publics dont le conseil d'administration a un rôle consultatif, le conseil d'administration du FAS et les CRIPI ont un pouvoir décisionnaire. Les ressources du FAS proviennent de fonds publics, à 90 % extra-budgétaires, sous la forme de contributions supportées par les divers régimes de prestations familiales. En 1990, le programme du FAS s'élevait à 1,284 milliard. Ses interventions concernent *le logement*, domaine dans lequel il assure l'équilibre de gestion des foyers de travailleurs isolés (parc de 145 000 lits), *la formation* (actions à dominante linguistique, de préformation, de formation-réinsertion dans le pays d'origine, et enseignement des langues d'origine), *les activités socio-éducatives* (en direction des femmes et des jeunes), *les actions culturelles* (émissions de télévision Rencontres et de Radio-France internationale), l'accueil et l'information.

c) Le Centre de Sécurité sociale des Travailleurs migrants (CSSTM). — Bien qu'il ne participe pas à proprement parler à la politique migratoire du gouvernement, le CSSTM en constitue un maillon important puisqu'il a été créé par un décret du 27 mars 1959 pour mettre en œuvre les règlements n°s 3 et 4 de la Communauté économique européenne concernant la Sécurité sociale des travailleurs migrants. Placé sous la triple tutelle des ministres chargés de la Sécurité sociale, de l'Agriculture et du Budget, le Centre remplit trois missions essentielles : financière, juridique et d'information, linguistique (traductions). Il est chargé de missions liées à l'application des règlements communautaires et des conventions bilatérales : assistance des organismes de Sécurité sociale compétents pour l'instruction des dossiers des travailleurs migrants ; centralisation de données statistiques et comptables ; traduction de dossiers rédigés dans une langue étrangère, etc. Le Centre est l'organisme de liaison pour l'application des règlements communautaires et de 28 conventions bilatérales. Ces textes visent le régime général des travailleurs salariés, le régime des salariés agricoles, le régime minier, les régimes spéciaux et parfois les régimes de non salariés, voire le régime d'assurance chômage. Le Centre est donc un organisme interbranches et interrégimes.

Le Centre intervient d'abord pour le remboursement des soins de santé aux travailleurs relevant d'un régime français de Sécurité sociale et qui effectuent un séjour temporaire dans un pays membre de la Communauté économique européenne ou lié à la France par une convention bilatérale, aux travailleurs étrangers qui ont laissé leur famille dans leur pays d'origine, aux pensionnés d'invalidité et de vieillesse ainsi qu'aux rentiers d'accidents du travail retournés dans leur pays après avoir travaillé en France. Ces assurés ont droit à des soins de santé à la charge des organismes français : remboursement sur factures ou sur forfaits.

Les opérations de remboursement des allocations familiales prévues par les règlements communautaires s'effectuent aussi par l'intermédiaire du Centre, qui joue également le rôle d'organisme centralisateur en matière de prestations familiales lorsqu'il est fait application de certaines conventions. Il rembourse les frais de contrôles médicaux des pensionnés d'invalidité et des titulaires de rentes d'accident du travail. Il collecte l'ensemble des données statistiques et comptables permettant l'élaboration d'un rapport statistique annuel, le suivi des flux financiers et les remboursements. En 1987, le flux des créances françaises présentées aux pays et des créances étrangères remboursées par le Centre a représenté 3 milliards de francs. Au total, les transferts de prestations de Sécurité sociale à l'étranger se sont élevés pour l'ensemble des régimes français de Sécurité sociale à 7,8 milliards dont 6,6 milliards de pensions et rentes versées directement par les organismes compétents. Principaux partenaires : République fédérale d'Allemagne, Belgique, Italie, Portugal, Algérie, Espagne, Maroc, Tunisie, Yougoslavie.

B) *Les Associations et autres organismes.* — Historiquement, ce sont des associations qui, les premières, sont venues en aide aux étrangers installés durablement en France. Les pouvoirs publics se sont donc naturellement appuyés sur elles pour mettre en œuvre la politique d'insertion qu'ils souhaitaient promouvoir. Aujourd'hui, quelque 3 500 associations sont financées par le FAS, où, à un moindre niveau, sur le budget de l'Etat. Au demeurant, ces subventions sont d'importance très inégales, et vont de 10 000 F à plus de 150 millions de francs. Les trois plus importants organismes sont la Société nationale de Construction de Logements pour les Travailleurs (SONACOTRA), le Service social d'Aide aux Emigrants (SSAE) et l'Association Rencontres audiovisuelles.

CHAPITRE II

LA MAÎTRISE DES FLUX MIGRATOIRES

I. — L'arrêt de l'immigration des travailleurs

1. **Le principe et ses exceptions.** — C'est en juillet 1974 que la suspension de l'immigration de main-d'œuvre a été décidée. Considérant que c'est principalement la recherche d'un emploi qui engendre l'immigration, c'est le contrôle de l'accès au marché du travail qui permet de maîtriser l'entrée en France des étrangers : tel est l'objet de l'article R 341-4 du Code du Travail qui dispose que la situation de l'emploi présente et à venir dans la profession demandée par un travailleur étranger et dans la zone géographique où il compte l'exercer peut être opposée à toute nouvelle demande d'autorisation de travail permanent. Il n'y a donc plus en principe aujourd'hui de flux d'immigration de travailleurs permanents. Ce principe connaît toutefois de nombreuses exceptions ; il ne s'applique ni aux catégories professionnelles dont l'économie française a particulièrement besoin, comme les chercheurs et les cadres de haute qualification, ni aux ressortissants de la CEE qui bénéficient de la libre circulation, ni aux travailleurs saisonniers dont l'in-

troduction, à la différence des permanents, n'a pas été suspendue et qui concerne chaque année environ 70 000 personnes. En outre, l'opération de régularisation exceptionnelle qui a permis d'attribuer une carte de travail et de séjour à quelque 110 000 étrangers en situation irrégulière a accru entre 1981 et 1985 le nombre des étrangers comptabilisés dans les statistiques de flux. Le bilan de l'immigration des travailleurs est donc loin d'être négatif.

Primo-immigration depuis 1983 en fonction des motivations

	Immigrants actifs				
Année	*Travailleurs permanents*	*Bénéficiaires d'une APT*	*Travailleurs saisonniers*	*Membres des familles*	*Demandeurs d'asile*
1983	17 410	1 073	101 857	45 731	22 285
1984	10 761	1 043	93 220	39 586	21 624
1985	9 716	1 243	86 180	32 512	28 809
1986	9 867	1 371	81 670	27 116	26 196
1987	10 709	1 522	76 647	26 746	27 568
1988	12 705	1 889	70 547	29 332	34 253
1989	15 468	3 054	61 868	34 594	61 372

Sources : MI, MTEFP, OMI, OFPRA.

Comme l'indique le tableau ci-dessus, un certain nombre d'étrangers continuent à s'installer chaque année en France en qualité de travailleurs salariés. Il s'agit, outre les ressortissants de la CEE bénéficiaires de la libre circulation : de ressortissants des Etats dispensés d'autorisation de travail par des traités bilatéraux (Centrafrique, Gabon, Togo) ; de ressortissants de pays auxquels la situation de l'emploi n'est pas opposable en application d'une décision unilatérale de la France (Cambodge, Laos, Vietnam, Liban, Pologne) ; d'étrangers de haute qualification ; d'étrangers bénéficiaires d'une autorisation de travail en raison soit de la situation de l'emploi dans telle profession, soit de leur situation personnelle ; d'étrangers qui viennent en France pour une durée inférieure à dix-huit mois (APT) ; enfin des saisonniers.

Comme nous l'avons vu *supra* (deuxième partie chap. III), l'évaluation des entrées d'étrangers à titre permanent doit prendre également en compte l'immigration familiale, ces étrangers entrés à un autre titre que celui de travailleurs salariés bénéficiant immédiatement ou à terme d'une autorisation de travail et pesant sur le marché de l'emploi. En ce qui concerne les demandeurs d'asile en revanche, le faible taux de ceux qui se voient reconnaître la qualité de réfugié (de l'ordre de 15 %) diminue leur part dans les entrées permanentes.

2. **Bilan de l'immigration nette.** — Il n'est pas possible de fournir une estimation valable du solde annuel des entrées et des sorties des travailleurs étrangers et des membres de leurs familles, car si les entrées sont enregistrées dans des conditions assez satisfaisantes — à l'exclusion, bien évidemment de celles des clandestins, des membres des familles des ressortissants de la CEE et des réfugiés actifs — il n'en va pas de même pour les sorties. En effet, les immigrés qui quittent définitivement la France ne sont pas tenus de restituer leur titre de séjour, sauf s'ils ont bénéficié d'une des formes « d'aide au retour ». Entre le 1er août 1977 et le 31 décembre 1981, 94 000 personnes ont regagné leur pays d'origine dans le cadre du dispositif de l'aide au retour (13 355 chômeurs, 46 582 salariés, 34 063 conjoints et enfants inactifs). En outre, 50 000 personnes environ ont été concernées de septembre 1981 à fin août 1985, par l'aide au retour instituée par l'échange de lettres franco-algérien de septembre 1980.

On observera d'ailleurs qu'il n'existe pas davantage de saisie statistique de l'émigration des Français vers l'étranger, l'inscription de ceux-ci dans les consulats de France n'étant pas obligatoire. De ce fait, une évaluation de l'excédent de l'immigration sur l'émigration ne peut être effectuée de façon fiable. Dans les limites de l'appareil statistique existant, la comparaison des résultats des recensements de 1975 et 1982 fait apparaître qu'en sept ans le nombre d'étrangers résidant sur le territoire métropolitain est passé de 3 442 415 à 3 680 100 soit une augmentation en valeur absolue d'environ 240 000 personnes qui s'analyse comme suit :

Ensemble des entrées (travailleurs, familles, réfugiés)	+ 735 000
Solde du mouvement naturel (naissances moins décès)	+ 340 000
Solde du mouvement juridique (acquisitions moins pertes de la nationalité française)	— 385 000
Sorties définitives du territoire	— 530 000
Impact de la différence entre les taux d'omission supposés aux deux recensements	+ 80 000
Croissance de la population étrangère	+ 240 000

Selon ces chiffres, l'accroissement annuel moyen du nombre des étrangers aurait donc été, entre 1975 et 1982, inférieur à 35 000 personnes, ce qui traduirait une assez bonne maîtrise des flux migratoires.

3. **Le contrôle de la régularité des entrées.** — Pour rendre crédible la volonté du gouvernement de contrôler les flux migratoires, il était nécessaire de prévoir un dispositif de répression à l'encontre des étrangers entrés ou séjournant irrégulièrement en France ou dont la présence constitue une menace pour l'ordre public. A cette fin, l'ordonnance du 2 novembre 1945 prévoit outre des sanctions pénales les conditions dans lesquelles un étranger peut être reconduit à la frontière ou expulsé.

A) *La reconduite à la frontière.* — La reconduite à la frontière peut résulter d'une mesure soit judiciaire, soit administrative.

a) Procédure judiciaire. — L'étranger qui a pénétré ou séjourné en France de manière irrégulière est passible d'un emprisonnement d'un mois à un an et d'une amende de 2 000 à 20 000 F. La juridiction peut en outre interdire au condamné, pendant une durée qui ne peut excéder trois ans, de pénétrer ou de séjourner sur le territoire français. L'interdiction du territoire emporte de plein droit reconduite du condamné à la frontière, le cas échéant à l'expiration de la peine d'emprisonnement.

b) Procédure administrative. — Le préfet de département et à Paris le préfet de police peuvent, par arrêté motivé, décider qu'un étranger sera reconduit à la frontière dans les cas suivants : si l'étranger ne peut justifier être en situation régulière ; si l'étranger s'est maintenu sur le territoire à l'expiration d'un délai de trois mois à compter de son entrée en France sans être titulaire d'un premier titre de séjour ; si l'étranger auquel la délivrance ou le renouvellement d'un titre de séjour temporaire a été refusé s'est maintenu sur le territoire au-delà d'un mois à compter de la date de notification du refus ; si l'étranger a fait l'objet d'une condamnation définitive pour contrefaçon, falsification, établissement sous un autre nom que le sien ou défaut de titre de séjour.

Dès notification de l'arrêté de reconduite à la frontière, l'étranger est immédiatement mis en mesure d'avertir un conseil, son consulat ou une personne de son choix.

En application de la loi n° 90-34 du 10 janvier 1990 et du décret n° 90-93 du 25 janvier 1990, l'étranger qui fait l'objet d'un arrêté préfectoral de reconduite à la frontière peut, dans les vingt-quatre heures suivant sa notification, demander l'annulation de cet arrêté au président du tribunal administratif. Celui-ci doit statuer dans un délai de quarante-huit heures à compter de sa saisine.

L'arrêté ne peut être exécuté avant l'expiration d'un délai de vingt-quatre heures suivant sa notification, ou avant que le président du tribunal administratif n'ait statué. Si l'arrêté est annulé, l'étranger est muni d'une autorisation provisoire de séjour jusqu'à ce que le préfet ait à nouveau statué sur son cas.

Le jugement du président du tribunal administratif est susceptible d'appel dans un délai d'un mois devant le président de la section du contentieux du Conseil d'Etat, mais cet appel n'est pas suspensif.

B) *L'expulsion.* — L'expulsion peut être prononcée par arrêté du ministre de l'Intérieur si la présence sur le territoire français d'un étranger constitue une menace grave pour l'ordre public, dans les conditions suivantes : l'étranger doit en être préalablement avisé dans des conditions fixées par décret en Conseil d'Etat. Il est convoqué pour être entendu par une commission siégeant sur convocation du préfet et composée : du président du tribunal de grande instance du chef-lieu du département, ou d'un juge délégué par lui, président ; d'un magistrat désigné par l'assemblée générale du tribunal de grande instance du chef-lieu du département, et d'un conseiller du tribunal administratif. Le chef du service des étrangers à la préfecture assure les fonctions de rapporteur ; le directeur départemental de l'action sanitaire et sociale ou son représentant est entendu par la Commission ; ils n'assistent pas à la délibération de la commission. La convocation, qui doit être remise à l'étranger quinze jours au moins avant la réunion de la commission, précise que celui-ci a le droit d'être assisté d'un conseil ou de toute personne de son choix et d'être entendu avec un interprète. Si la commission émet un avis défavorable à l'expulsion, celle-ci ne peut être prononcée.

C) *Exclusions*. — Ne peuvent faire l'objet ni d'une reconduite à la frontière ni d'une expulsion :

— dans tous les cas, l'étranger mineur de 18 ans ;
— l'étranger qui justifie, par tous moyens, résider en France habituellement depuis qu'il a atteint au plus l'âge de dix ans ;
— l'étranger qui justifie, par tous moyens, résider en France habituellement depuis plus de quinze ans ainsi que l'étranger qui réside régulièrement en France depuis plus de dix ans ;
— l'étranger, marié depuis au moins six mois, dont le conjoint est de nationalité française ;
— l'étranger qui est père ou mère d'un enfant français résidant en France à la condition qu'il exerce, même

partiellement, l'autorité parentale à l'égard de cet enfant ou qu'il subvienne effectivement à ses besoins ;
— l'étranger titulaire d'une rente d'accident du travail ou de maladie professionnelle servie par un organisme français et dont le taux d'incapacité permanente et partielle est égal ou supérieur à 20 % ;
— l'étranger qui n'a pas été condamné définitivement à une peine au moins égale à un an d'emprisonnement sans sursis ou à une peine inférieure pour des infractions spécifiques.

D) *Centres de retenue.* — L'article 35 *bis* de l'ordonnance du 2 novembre 1945 dispose que les étrangers qui ne peuvent déférer immédiatement à un refus d'entrer sur le territoire français, à un arrêté d'expulsion ou à une mesure de reconduite à la frontière peuvent être maintenus, par décision écrite motivée du préfet, dans des locaux ne relevant pas de l'administration pénitentiaire, pendant le temps strictement nécessaire à leur départ. L'administration a créé à cette fin des centres spécifiques dits « Centres de Reconduite à la Frontière ».

Ce dispositif a amené en 1988 à refuser l'entrée en France (refoulement) à 66 646 personnes, à en reconduire à la frontière 9 000 et à en expulser 1 235.

II. — La lutte contre le travail clandestin et les trafics de main-d'œuvre étrangère

La France compte 3 000 km de frontières terrestres, 3 000 km de côtes, 685 aérodromes et 580 ports. Environ 1 000 000 de voyageurs traversent journellement ses frontières à un titre quelconque. Il est donc difficile d'assurer le contrôle des flux aux points d'entrée sur le territoire, et l'ensemble du dispositif qui vient d'être examiné n'empêche pas l'immigration clandestine de subsister. Or, celle-ci ne peut se développer dans d'importantes proportions qu'autant que des employeurs n'hésitent pas à embaucher des travailleurs étrangers en situation irrégulière. Cette situation aboutit non seulement à favoriser l'immigration illégale, mais aussi à permettre l'existence d'un marché parallèle du travail dans lequel les salariés sont privés de toutes les protections du droit du travail et de la Sécurité sociale et les employeurs de travailleurs irréguliers favorisés par rapport à leurs concurrents. C'est pourquoi une lutte active contre le travail clandestin et les trafics de main-d'œuvre a été mise en œuvre depuis 1981.

1. **Les moyens de lutte ont été renforcés.** — Le gouvernement a décidé à plusieurs reprises de renforcer les moyens de la Mission de Liaison interministérielle pour la lutte contre le travail clandestin, l'emploi non déclaré et les trafics de main-d'œuvre. A cette fin, il a créé ou envisage de créer des antennes de la mission dans plusieurs régions (Toulouse, Lyon, Lille, Strasbourg). Par ailleurs, le décret du 14 mars 1986 (circulaire du 19 septembre 1986) a institué des commissions départementales de lutte contre le travail clandestin, l'emploi non déclaré et les trafics de main-d'œuvre dans tous les départements, commissions qui regroupent sous la présidence des préfets les responsables des administrations de contrôle et les représentants des professionnels (chambres consulaires, syndicats). Le procureur de la République et le chef de la Mission sont membres de droit de ces

commissions. Le gouvernement a également renforcé le nombre des contrôleurs du travail affectés à la lutte contre le travail clandestin. Ceux-ci sont chargés, dans 23 départements prioritaires, de renforcer les actions des sections de l'inspection du travail en inspectant les petites entreprises dans les secteurs sensibles des services, du bâtiment et de la confection. Ils assurent la coordination entre les différentes administrations, et suivent les procédures judiciaires relatives au travail clandestin. Leurs pouvoirs d'investigation sont étendus et portent non seulement sur le contrôle des dispositions du Code du Travail spécifique à la main-d'œuvre étrangère, mais également sur les dispositions non spécifiques telles que salaires, durée du travail, hébergement, médecine du travail. Enfin, un groupe de travail « emploi de travailleurs saisonniers » a été constitué dans les départements qui recourent habituellement à l'emploi de travailleurs saisonniers agricoles. Il est notamment chargé d'étudier les mesures susceptibles d'éviter que se reconstituent dans le secteur agricole des foyers importants de main-d'œuvre clandestine.

2. **Les sanctions ont été aggravées.** — Le plus souvent, l'employeur commet simultanément une double infraction : l'exercice d'un travail clandestin ou travail au noir, défini par les articles L 324-9 et L 324-10 du Code du Travail comme l'exercice d'une activité économique indépendante non déclarée, et l'emploi illégal d'un étranger, défini par l'article L 341-6 al. 1er du même Code comme le fait « d'engager, conserver à son service ou employer, directement ou par personne interposée, un étranger non muni du titre l'autorisant à exercer une activité salariée en France ». Il est donc passible des peines prévues pour chacune de ces

infractions. Depuis la loi n° 89488 du 10 juillet 1989, le travail clandestin est sanctionné d'une amende de 2 000 à 200 000 F et (ou) d'un emprisonnement de deux mois à deux ans, auxquels le tribunal peut ajouter la publication et l'affichage du jugement, et la confiscation des matériels et matériaux qui ont servi à commettre le délit (art. L 362-3 du Code du Travail). En outre, en application de l'article L 324-14 du Code, le donneur d'ouvrage de mauvaise foi peut, au plan civil, être tenu pour solidaire du paiement des salaires et accessoires, de manière à éviter le recours à des « sociétés écrans », le plus souvent insolvables, pour dissimuler la pratique du travail clandestin. L'emploi illégal d'un travailleur étranger est encore plus sévèrement puni par l'article L 364-2-1 du Code qui depuis la loi du 10 juillet 1989, le sanctionne d'un emprisonnement de deux mois à deux ans et (ou) d'une amende de 2 000 à 20 000 F, peines portées en cas de récidive à quatre ans d'emprisonnement et 40 000 F d'amende, cette dernière étant appliquée autant de fois qu'il y a d'étrangers concernés. Le tribunal peut de plus ordonner l'affichage du jugement et prononcer la confiscation de tout ou partie des outils machines, matériaux, véhicules utilisés ou stockés à l'occasion de l'infraction ou qui auront servi à la commettre, ainsi que du produit du travail effectué par les étrangers en situation irrégulière (art. L 364-2-2 du Code). En outre, les contrevenants sont, en application de l'article L 341-7 du Code du Travail, passibles d'une amende administrative et d'une action récursoire de la Sécurité sociale. L'amende administrative appelée « contribution spéciale » est perçue par l'OMI. Elle est versée pour chaque étranger employé frauduleusement et est égale à 1 000 fois le taux horaire du minimum garanti à la date du constat de l'infraction (15 500 F environ en janvier 1990). Il s'agit donc d'une arme particulièrement dissuasive. L'action récursoire impose aux employeurs de rembourser le montant des prestations d'assurance maladie, maternité, décès, d'invalidité ou d'accident du travail versées aux salariés étrangers si ceux-ci n'ont pas, avant la réalisation du risque ayant entraîné le versement des prestations, subi de contrôle médical, pour ceux d'entre eux pour lequel ce contrôle est obligatoire, l'employeur en infraction s'expose également aux poursuites de la Direction départementale du Travail et de l'Emploi, de l'URSSAF (ou de la Mutualité sociale agricole) des ASSEDIC et de la Direction départementale des Services fiscaux pour le recouvrement des salaires, impôts, taxes et cotisations.

En outre, le régime des peines applicables en cas d'emploi irrégulier est étendu par l'article L 364-4 CT à l'employeur qui se fait rembourser les frais engagés pour la venue d'un étranger en France (art. L 341-7-1), le fait de se faire remettre des fonds, des valeurs ou des biens mobiliers en vue ou à l'occasion de l'introduction ou de l'embauchage d'un travailleur étranger (art. L 341-7-2) étant puni par des peines encore plus sévères : emprisonnement de deux mois à deux ans et amende de 2 000 F à 200 000 F, l'emprisonnement pouvant être porté à trois ans et l'amende à 400 000 F en cas de récidive.

Pour protéger le monopole confié à l'OMI du recrutement et de l'introduction en France des étrangers, de lourdes peines ont également été prévues à l'encontre de ceux qui se livrent à ce genre d'opérations (art. L 341-9 CT) ou qui interviennent de manière habituelle et à titre d'intermédiaire à un stade quelconque des opérations de recrutement et d'introduction (art. L 364-3, al. 3 CT). La première infraction est punie d'un emprisonnement de deux mois à un an et (ou) d'une amende de 2 000 à 20 000 F (en cas de récidive trois ans d'emprisonnement, amende de 40 000 F et fermeture temporaire ou définitive des bureaux tenus par les délinquants), la seconde de deux à cinq ans de prison et (ou) de 10 000 à 200 000 F d'amende auxquels s'ajoutent la fermeture des bureaux, la confiscation des matériels qui ont servi à commettre le délit, et l'affichage du jugement. Les personnes qui favorisent l'entrée, la circulation ou le séjour irrégulier d'un étranger (passeurs), ou qui exploitent clandestinement des locaux affectés à l'hébergement collectif d'étrangers en situation irrégulière (marchands de sommeil) s'exposent à un emprisonnement de deux mois à deux ans et à une amende de 2 000 F à 200 000 F, auxquels peuvent s'ajouter : l'interdiction de séjour, la suspension temporaire du permis de conduire, la confiscation du véhicule ayant servi à commettre l'infraction, et l'interdiction temporaire d'exercer la profession de transporteur ou de logeur.

Au cours de l'année 1989, 10 668 clandestins ont été interpellés et 3 674 procédures ont été engagées contre des employeurs.

3. **Protection juridique du travailleur étranger employé irrégulièrement.** — Considérant que le travailleur étranger employé irrégulièrement est une victime plus qu'un délinquant, la loi du 17 octobre 1981 en assure la protection juridique, en garantissant au salarié les droits dont il aurait bénéficié s'il avait été employé régulièrement. Le nouvel article L 341-6-1 du Code du Travail dispose à cet effet : « L'étranger employé en violation des dispositions de l'alinéa premier de l'article L 341-6 est assimilé, à compter de la date de son embauchage, à un travailleur régulièrement engagé en ce qui concerne les obligations de l'employeur relatives à la réglementation du travail définie au livre II du présent code, et pour les pro-

fessions agricoles, aux articles 992 et suivants du Code rural, ainsi qu'à la prise en compte de l'ancienneté dans l'entreprise. En ce qui concerne les avantages pécuniaires cet étranger a droit, au titre de la période d'emploi illicite, au paiement du salaire et des accessoires de celui-ci conformément aux dispositions législatives ou réglementaires et aux stipulations contractuelles applicables à son emploi, déduction faite des sommes antérieurement perçues au titre de la période considérée. En cas de rupture de la relation de travail, à une indemnité forfaitaire égale à un mois de salaire à moins que l'application des règles figurant aux articles L 122-3-5, L 122-3-8, L 122-3-9 (2e alinéa), L 122-8 et L 122-9 ou des stipulations contractuelles correspondantes ne conduisent à une solution plus favorable. Ces dernières dispositions ne font pas obstacle au droit du salarié de demander en justice une indemnisation supplémentaire s'il est en mesure d'établir l'existence d'un préjudice non réparé au titre desdites dispositions. » Afin que le salarié étranger soit informé de ses droits et de la possibilité qu'il a de saisir l'Inspection du Travail et la juridiction des prud'hommes lorsque l'employeur (ou le donneur d'ouvrage solidaire) n'exécute pas spontanément ses obligations, une attestation est remise à tout étranger employé irrégulièrement par les agents effectuant le contrôle. Si l'employeur refuse de satisfaire à ses obligations, le travailleur peut saisir l'Inspection du Travail afin qu'elle intervienne pour faire appliquer la réglementation ; ou intenter une action devant le Conseil des Prud'hommes. Cette juridiction peut ordonner par provision le versement de l'indemnité forfaitaire égale à un mois de salaire en conciliation, lorsque l'obligation n'est pas sérieusement contestable. Toutes les autres sommes ou dommages-intérêts peuvent être demandés devant le Conseil des Prud'hommes. Pour l'aider dans ces actions, le travailleur peut solliciter l'intervention des syndicats et des associations ayant pour objet la lutte contre les discriminations.

CHAPITRE III

L'INSERTION SOCIALE ET CULTURELLE DES COMMUNAUTÉS IMMIGRÉES

I. — Les interventions socioculturelles et de formation

Les étrangers qui résident dans notre pays pour une durée prolongée sans acquérir la nationalité française, avec le degré d'assimilation que suppose cette acquisition, doivent pouvoir s'insérer dans notre société de façon à y vivre en bonne harmonie avec les Français. Le rôle des pouvoirs publics est, dans cette optique, de favoriser les conditions de cette insertion, sans supprimer ni privilégier l'identité des diverses communautés immigrées. Les interventions en ce sens sont nombreuses et diversifiées.

1. Les actions financées par le FAS

A) *L'accueil des étrangers* ressortit principalement à la mission du réseau national d'accueil, créé en 1973, et qui dispose d'un bureau par département, dont certains sont gérés par l'Office des Migrations internationales ou le Service social d'Aide aux Emigrants. Si le réseau intervient moins qu'auparavant en direction des primo-arrivants, il a vu ces dernières années ses missions évoluer en fonction de formes nouvelles d'immigration (regroupement familial) et des besoins des immigrés (emploi, Sécurité sociale, logement, statut et réinsertion dans le pays d'origine). Financé aujourd'hui à hauteur de 52 MF par le FAS, il enregistre annuellement plus de 600 000 visites.

B) *L'action sociale* spécifique a été progressivement développée en direction de plusieurs publics : pour les femmes, une instruction ministérielle du 26 août 1981 a permis le développement d'actions socio-éducatives dans les centres sociaux et dans les associations spécialisées ; rencontres, permanences, stages d'adaptation à la vie en France, enseignement de la langue et de l'écriture, stages de préparation à la vie professionnelle. Pour les jeunes d'origine étrangère, un certain nombre d'associations mettent en place localement des actions d'accompagnement social afin de faciliter leur accès aux stages d'insertion, de formation, ou de les aider dans la recherche d'un emploi. De la même façon, de nombreuses activités socioculturelles sont mises en œuvre avec et, de plus en plus souvent, par les jeunes concernés eux-mêmes : défense des droits, promotion des sports et des loisirs, action sociale sous différents aspects, activités culturelles et interculturelles. Le FAS participe également depuis 1984 à l'opération « Prévention Eté », dispositif mis en place durant l'été en faveur des jeunes en difficulté des quartiers fortement urbanisés, notamment des jeunes filles qui sont plus souvent que les jeunes gens, exclues des circuits traditionnels de loisirs. Pour les jeunes enfants, des moyens spécifiques ont été alloués au FAS dans le cadre du programme prioritaire d'exécution n° 8 du IXe Plan « Assurer un environnement favorable à la naissance et à l'enfance ». Les axes de cet effort énoncés par une circulaire du FAS d'octobre 1984 ont porté sur les haltes garderies et les PMI. En ce qui les concerne, les adolescents bénéficient des camps de vacances mixtes français et étrangers, afin de favoriser le rapprochement des diverses communautés, y compris par des séjours à l'étranger.

C) *L'action culturelle* vise à la fois les communautés étrangères en contribuant au maintien des liens avec les pays et les cultures d'origine ainsi qu'à la reconnaissance et à la valorisation de l'identité des migrants, et la société d'accueil pour sensibiliser les nationaux à d'autres modèles culturels et faciliter ainsi la cohabitation entre communautés. De nombreuses interventions sont menées à ce double titre : une action d'information qui recouvre des manifestations et des activités extrêmement diverses quant à leur nature et à leurs objectifs (diffusion de livres en langues étrangères, expositions et festivals sur les cultures des pays d'émigration), la création de postes d'animateurs culturels et l'aide au développement de la vie associative issue de l'immigration. En outre, le FAS finance l'émission de télévision Rencontres et des émissions radiophoniques en langues étrangères. Enfin, notons le financement d'animations linguistiques en langues d'origine qui, venant s'ajouter aux cours dispensés dans le cadre du système scolaire, s'adressent à un public diversifié constitué de jeunes enfants, d'adolescents et d'adultes.

D) *Les actions de formation*. — Si les travailleurs immigrés ont, en droit, accès aux formations mises en œuvre au titre du droit commun (actions régies par la Formation professionnelle et actions financées par le 1,1 % des entreprises), ils n'ont, en pratique, que peu bénéficié de ces possibilités. Un effort spécifique, financé par le FAS, s'avère toujours nécessaire. Il comporte des actions d'adaptation linguistique ou d'alphabétisation qui ont pour objet de doter les intéressés des moyens d'expression et de communication favorisant leur insertion dans leur environnement social et professionnel, et des actions de préformation destinées à leur faire acquérir les capacités permettant d'accéder ultérieurement à des formations qualifiantes.

Globalement, le FAS a consacré en 1990 770 MF à ces divers types d'interventions, qui se répartissent comme suit : alphabétisation 118 MF, formation 226 MF, action culturelle 130 MF, actions socio-éducatives 174 MF, accueil 52 MF, développement social des quartiers 30 MF, divers 40 MF.

2. **Les actions mises en œuvre par les administrations.** — La plupart des administrations intègrent un objectif d'insertion des immigrés dans leur politique. C'est le cas des Affaires sociales, de la Santé, du Travail et de l'Emploi, de la Formation professionnelle, de l'Urbanisme, de la Culture, etc. Mais de tous, c'est certainement le ministère de l'Education nationale qui a fait le plus, pour prendre en compte les handicaps particuliers que peuvent rencontrer au cours de leur scolarité les enfants issus de l'immigration : tant dans le système scolaire proprement dit qu'à sa périphérie, la scolarisation de plus d'un million d'élèves étrangers a exigé un effort considérable d'adaptation des structures et des démarches pédagogiques. Pour ce qui concerne les non-francophones, l'acquisition du français constituant un préalable indispensable sans lequel il ne peut y avoir d'intégration scolaire réussie, l'Edu-

cation nationale a mis en place un dispositif spécifique permettant de dispenser aux élèves nouvellement arrivés un apprentissage de la langue française ou un soutien linguistique. Ce dispositif comporte notamment des classes d'initiation dans le premier degré (CLIN), des cours de rattrapage intégrés (CRI), des cours spécifiques lorsque les élèves sont trop dispersés pour bénéficier des CLIN ou des CRI. Dans l'enseignement secondaire, les élèves peuvent bénéficier d'enseignements de soutien et de cours optionnels.

Afin de pallier les difficultés, notamment psychologiques, qui peuvent naître pour les élèves étrangers, d'une rupture avec leur famille et leurs racines linguistiques et culturelles, un enseignement facultatif des langues et cultures d'origine a été mis en place. Participant à la construction de l'identité de ces jeunes, et à leur équilibre, il constitue un facteur d'insertion et de réussite scolaire. Cet enseignement, qui se déroule essentiellement dans le premier degré, est à la charge des pays concernés et est assuré par des enseignants ressortissants de ces pays, recrutés et rétribués par leur propre gouvernement. De plus, le ministère s'est attaché à élargir dans le second degré la place des langues des travailleurs migrants de telle sorte que leurs enfants puissent les choisir comme langues d'étude.

Pour préparer les maîtres à intervenir dans les structures spécifiques et sensibiliser l'ensemble du corps enseignant aux problèmes de l'immigration, le ministère a créé des Centres d'Etude, de Formation et d'Information sur la Scolarisation des Enfants migrants (CEFISEM), implantés dans les vingt académies qui connaissent les taux de scolarisation étrangère les plus élevés.

Enfin, des initiatives conjointes des ministères des Affaires sociales et de l'Education nationale ont permis l'intervention de deux mesures : la mise en place de cycles d'animation éducatives périscolaires qui offrent aux enfants la possibilité de diversifier leurs centres d'intérêts et de développer leurs capacités d'expression et d'organisation, en incluant l'aide à la réalisation des devoirs ; la création de cent bibliothèques Centres de Documentation qui permettront de doter les établissements d'ouvrages et de documents susceptibles de faire mieux connaître les civilisations et les aires culturelles d'où proviennent les élèves étrangers scolarisés dans l'école française.

3. **Les interventions contractuelles.** — Pour lutter contre la tendance générale des collectivités locales à peu s'impliquer dans la politique d'insertion en faveur des immigrés, le gouvernement a mis en œuvre une politique contractuelle, qui, commencée à titre expérimental lorsque M. Dijoud était secrétaire d'Etat aux Immigrés, a connu depuis 1981 un développement important. Il s'agit des contrats d'agglomération, qui répondent à trois préoccupations principales : susciter une approche d'ensemble des problèmes d'insertion des immigrés dans la cité (logement, cohabitation, jeunes, femmes, etc.) ; assurer la mise en œuvre d'un programme cohérent d'actions par un décloisonnement des interventions, et par une articulation avec d'autres politiques inspirées des mêmes objectifs (contrats familles, opérations habitat et vie sociale, etc.) ; favoriser une dynamique locale de concertation par la mise en place par les élus concernés de structures *ad hoc*, favorisant l'implication effective des associations d'immigrés. Depuis 1984, les contrats d'agglomération concernent deux types de sites : les

opérations intégrées dans les contrats de plan, et des opérations hors contrat de plan conclues directement entre le ministère des Affaires sociales et une collectivité. Au total, ces contrats concernent aujourd'hui environ cent dix sites, pour une dépense annuelle d'environ 40 MF.

4. **La lutte contre le racisme.** — Les gouvernements successifs ont été attentifs à lutter contre les différentes manifestations du racisme et de la xénophobie. Un acte important a été le vote par le Parlement de la loi du 1er juillet 1972 relative à la lutte contre le racisme. Le titre 1er de cette loi modifie la loi du 29 juillet 1881 sur la liberté de la presse en prévoyant de lourdes peines d'amendes et de prison à l'encontre de ceux qui « provoquent à la discrimination » ou qui se rendent coupables d'injures ou de diffamation à raison de l'origine ou de la race. Le titre II réprime de la même manière les discriminations raciales dont se rendent coupables les dépositaires de l'autorité publique, les prestataires de services et les employeurs. Les associations qui ont pour vocation de combattre le racisme peuvent dans l'un et l'autre cas se porter partie civile. Mais les gouvernements ont cherché également à combattre certains phénomènes d'intolérance réciproque entre communautés qui peuvent donner à l'opinion publique l'image d'une situation de tension entre la population française et certaines communautés immigrées. Ainsi, à la « semaine du dialogue » sous M. Stoleru a succédé la campagne « Vivre ensemble » sous Mme Dufoix, l'une et l'autre ayant pour objectif de recenser et valoriser les expériences positives de cohabitation entre les différentes communautés.

II. — Le logement des immigrés

Les conditions de logement, et de manière plus générale le cadre de vie, revêtent pour l'insertion de la population étrangère dans la société de résidence une importance essentielle. La santé, la scolarité des enfants, le degré d'adaptation au milieu social sont en effet en étroite corrélation avec la nature de l'habitat et si celle-ci s'avère médiocre ou franchement mauvaise elle induit une ségrégation difficile à éliminer. D'autre part, la diversité même de la population étrangère implique que tant au niveau du constat qu'à celui des réalisations et des perspectives, une distinction soit opérée entre le logement des familles et celui des travailleurs isolés.

1. **Le constat.** — Pour ce qui concerne *les familles*, les résultats du recensement de 1982 indiquent que sur 1 215 100 ménages étrangers dénombrés : 235 660 (20,9 %) sont propriétaires, 477 320 (39,3 %) sont locataires sur le marché libre, 286 600 (23,6 %) sont locataires en HLM ou assimilé, 72 900 (6 %) sont en meublé ou hôtel garni. La situation constatée en 1982 s'est améliorée par rapport à celle reflétée par le recensement de 1975, puisque les familles immigrées qui occupaient à l'époque 8 % du patrimoine HLM atteignent en 1982, 10 %. D'autre part, 23,6 % des étrangers vivent en HLM contre 13,5 % si l'on considère l'ensemble de la population. Par ailleurs, si l'on peut considérer que les étrangers qui sont propriétaires et ceux qui sont locataires d'HLM sont en général correctement logés, on peut en revanche s'interroger sur la diversité du confort et des équipements dans les logements locatifs du patrimoine privé, dans les logements en hôtels meublés, et les logements fournis

par les employeurs. Ce dernier ensemble de logements, qui représente plus de la moitié des logements occupés par les immigrés, est certainement le secteur qui nécessite l'effort le plus soutenu.

S'agissant des *immigrés isolés* vivant en célibataires (800 000 environ), la plupart occupent des logements dans le parc privé. D'autres, environ 140 000, résident dans le parc social des foyers, dont une société d'économie mixte, la SONACOTRA, gère à elle seule la moitié des lits.

2. **La politique des pouvoirs publics.** — Outre les moyens de droit commun, et notamment les prêts aidés par l'Etat pour la construction, l'acquisition et l'amélioration des logements locatifs (PLA) et les primes à l'amélioration des logements à usage locatif et à occupation sociale (PALULOS) qui sont attribués sur le budget du ministère chargé du Logement, le ministère de la Solidarité, de la Santé et de la Protection sociale dispose de deux instruments pour le logement des étrangers : la CNLI et le FAS. La Commission nationale pour le Logement des Immigrés (CNLI) oriente l'utilisation de la fraction de la participation des employeurs à l'effort de construction, réservée par priorité au logement des travailleurs immigrés et de leurs familles (soit 1/9). Ce mode de financement intervient, en règle générale, à titre complémentaire des subventions et prêts d'Etat susmentionnés. En 1982, une importante réforme est intervenue dans la procédure préalable aux décisions d'agrément des opérations. Cette procédure a en effet fait l'objet d'une déconcentration au niveau des départements, l'agrément étant délivré par le préfet après consultation du Conseil départemental de l'Habitat créé par décret du 30 juin 1984).

Parallèlement, une action vigoureuse a été menée pour la réinsertion de l'habitat insalubre et la disparition des cités de transit très dégradées et dangereuses.

Le Fonds d'Action sociale pour les travailleurs immigrés et leurs familles (FAS) intervient en ce qui le concerne pour le logement des immigrés isolés, au moyen notamment d'une aide forfaitaire destinée aux organismes gestionnaires de foyers. En 1990, le FAS a consacré 514 MF à ce type de dépenses.

Globalement, tous objets confondus, les dépenses spécifiques faites en faveur des immigrés peuvent être évaluées comme suit en 1990 :

Programme du FAS	1 284	MF
Ministère chargé des immigrés	91,7	–
CNLI	1 075	–
Culture	2,5	–
Education nationale	71,2	–
Formation professionnelle	103,7	–
Fonds national pour l'Emploi	50	–
	2 678,1	MF

III. — La participation des étrangers à la vie publique

Bien que la Déclaration des Droits de l'Homme et du Citoyen de 1789, et les préambules des constitutions de 1946 et 1958 affirment le droit pour chaque individu de jouir des libertés publiques et des droits économiques et sociaux, les étrangers qui résident en France restent exclus de l'exercice pratique de certains de ces droits. Cependant, l'évolution progressive de la législation tend à étendre la jouissance des droits fondamentaux à tous ceux qui résident sur le territoire national, qu'ils aient ou non la nationalité française.

1. **La représentation des étrangers dans les instances électives de la vie économique, sociale et politique.** — En ce qui concerne les syndicats, la loi du 21 mars 1884 avait prévu que les étrangers pouvaient adhérer aux syndicats mais leur déniait le droit d'y exercer des fonctions de responsabilité. La loi du 11 juillet 1975 leur a permis de devenir délégués syndicaux et d'accéder à des postes de direction. Depuis la loi du 28 octobre 1982, l'accès à ces fonctions s'effectue dans les mêmes conditions que pour les Français. Pour les organismes de représentation des salariés dans les entreprises, les étrangers participent à l'élection des délégués du personnel et des membres du Comité d'Entreprise depuis la loi du 16 avril 1946 mais ne sont éligibles que depuis la loi du 11 juillet 1975. La loi du 28 octobre 1982 a supprimé l'obligation de « savoir s'exprimer en français ». Pour les Conseils de Prud'hommes, les étrangers sont électeurs mais non éligibles. En revanche, depuis la loi du 17 décembre 1982, ils sont désormais électeurs et éligibles pour la désignation des membres des Conseils d'Administration des Caisses de Sécurité sociale.

Compte tenu des promesses de M. Mitterrand pendant sa campagne présidentielle et de sa conviction réaffirmée que « tout être humain doit pouvoir donner son avis sur ce qui touche à sa vie quotidienne », on pouvait penser que le gouvernement élu en 1981 accorderait le droit de vote aux immigrés, au moins pour les élections municipales. Il n'en a rien été ; et s'il est argué le plus souvent d'obstacles juridiques s'opposant à l'exercice des droits politiques par les étrangers résidant en France (art. 3 de la Constitution), les raisons en sont évidemment politiques. Considérant le « retard dans les mœurs et les mentalités des Français » (M. Mitterrand *dixit*), le gouvernement a jugé opportun d'ajourner une telle mesure. Dans un tel contexte, des initiatives locales comme celle intervenue à Mons-en-Bareuil, où trois représentants des communautés immigrées participent aux délibérations du conseil municipal, apparaissent d'autant plus comme des expériences utiles dont il conviendra de tirer le moment voulu les enseignements.

2. **Le droit d'association.** — A l'origine, la loi du 1er juillet 1901 relative aux associations n'avait établi aucune distinction entre Français et étrangers. C'est le décret-loi du 1er avril 1939, intervenu dans une période de tension internationale propice à la xénophobie, qui avait créé la catégorie des associations étrangères dont la constitution était soumise à l'autorisation du ministère de l'Intérieur. Ces dispositions ont survécu quarante ans, et il a fallu attendre la loi du 9 octobre 1981 pour les abroger et rendre la pleine liberté d'association aux étrangers. Il en est résulté un essor considérable de la vie associative des immigrés.

3. **La participation à la décision.**

A) *La concertation.* — Voulant sans doute illustrer la boutade de Paul Valéry selon laquelle « la politique est l'art d'empêcher les gens de s'occuper de ce qui les regarde », les pouvoirs publics ont été peu enclins, jusqu'à 1981, à associer les immigrés aux décisions les concernant. A l'échelon national, il faudra attendre 1984 (décret n° 84-640 du 17 juillet) pour voir créée, avec le Conseil national des Populations immigrées (CNPI), une instance de concertation où les associations d'immigrés et de soutien soient largement représentées : les représentants étrangers ou d'origine étrangère y occupent 16 sièges sur 52. Au plan local, les municipalités ont été invitées par le ministre de l'Intérieur à créer des commissions extra-municipales ouvertes aux associations représentatives des communautés immigrées résidant dans leur commune.

B) *La participation aux instances délibératives.* — L'association active des immigrés à l'étude de leurs problèmes et à la mise en œuvre de solutions adaptées est également illustrée par leur participation au Conseil d'administration du FAS et aux Commissions régionales pour l'Insertion des Populations immigrées (CRIPI). En application du décret du 14 février 1990 qui a réformé le FAS, le Conseil d'administration de cet établissement comprend une double représentation des immigrés : trois représentants des salariés désignés par les organisations syndicales CGT, FO et CFDT et six représentants choisis *intuitu personae* parmi les communautés étrangères les plus importantes en France. Les immigrés sont représentés dans les mêmes conditions au sein des CRIPI. Rappelons que le Conseil d'administration du FAS et les CRIPI ont un pouvoir de décision dans l'attribution des subventions aux organismes qui mettent en œuvre le programme du FAS. En outre, les CRIPI émettent un avis sur le programme régional d'insertion des populations immigrées.

CHAPITRE IV

LA RÉINSERTION DES TRAVAILLEURS ÉTRANGERS DANS LEUR PAYS D'ORIGINE (1)

I. — Les différentes procédures de retour

1. **Les retours spontanés.** — Chaque année, de 60 à 70 000 étrangers quittent définitivement la France après y avoir travaillé et séjourné un certain nombre d'années, pour regagner leur pays d'origine, en dehors de tout système d'aide incitative au départ. S'ils se trouvent dans une situation financière difficile, ils peuvent bénéficier d'un rapatriement gratuit par l'OMI s'ils sont demandeurs d'emploi démunis de ressources et s'ils connaissent des difficultés d'ordre personnel. Pour bénéficier de cette possibilité, il suffit que l'étranger soit volontaire au retour et que les autorités consulaires dont il relève aient opposé un refus écrit de prendre elles-mêmes en charge le rapatriement. Moins d'une centaine d'étrangers bénéficient chaque année d'un rapatriement gratuit.

2. **Les retours aidés.**

A) *Les actions de coopération et de développement.* — Des expériences de formation-retour ont été menées à partir d'une décision gouvernementale du 9 décembre 1975, sur la base de conventions conclues par la Caisse centrale de Coopération économique (CCCE) avec plusieurs pays d'émigration. Ces opérations

(1) Voir Office des Migrations internationales, « Eléments du droit de l'immigration ».

ont eu pour objet d'organiser des formations en vue de permettre à des migrants d'occuper des emplois désignés par leurs pays d'origine. Elles ont concerné environ 1 900 personnes de 1975 à 1982. Le FAS qui a assuré le financement de ces opérations, continue de financer des projets de formation-retour élaborés sous l'égide d'entreprises ou d'associations de travailleurs étrangers.

B) *Les incitations directes au retour.*

a) L'aide au retour. — Compte tenu de la crise économique, le gouvernement a voulu, à partir de 1977, inciter les travailleurs étrangers à regagner leur pays d'origine : le 30 mai 1977, une lettre circulaire du secrétariat d'Etat chargé des Immigrés a institué l'aide au retour, de 10 000 F par candidat, éventuellement majorée pour charges de famille. Cette mesure a donné lieu à 49 000 agréments de dossiers, concernant 95 000 personnes, jusqu'à sa suppression en décembre 1981.

b) L'accord franco-algérien. — Conclu sous forme d'un échange de lettres entre la France et l'Algérie le 18 septembre 1980, cet accord avait des visées à la fois qualitatives et quantitatives. Le volet « allocation retour » prévoyait le versement d'une somme forfaitaire en cas de retour définitif en Algérie ; le volet « formation retour » envisageait des opérations concertées de formation, de salariés pour les sociétés nationales algériennes, et de formateurs pour des centres d'enseignement professionnel en Algérie. Enfin, le volet « aide à la création d'entreprises » permettait de mobiliser des crédits publics et privés français en faveur de créateurs d'entreprises souhaitant se réinsérer en Algérie. En fait, seule l'allocation retour a connu un succès véritable : 26 000 dossiers ont été agréés jusqu'à la fin de l'année 1983, touchant 50 500 Algériens.

II. — Le régime institué en 1984

1. **Le contexte.** — La perspective de l'arrivée à échéance, le 31 décembre 1983, de l'accord franco-algérien, rendait nécessaire la définition d'un nouveau régime de retour. Mais depuis 1981, un changement net d'orientation était intervenu dans les conceptions françaises. Si les perspectives de retour n'étaient pas abandonnées, elles devaient désormais prendre en considération les difficultés d'une réinsertion véritable et donner lieu à des mesures qui tiennent compte à la fois des aspirations des travailleurs étrangers et des intérêts de leur pays d'origine en matière de développement. C'est le 31 août 1983 que le gouvernement définit les

principes sur lesquels s'appuiera désormais la politique de réinsertion, mot préféré à celui de retour, puisqu'il s'agit justement d'aller au-delà d'un simple retour : volontariat individuel, concertation avec les pays d'origine, contribution à leur développement. Aussitôt, des contacts sont pris en ce sens avec les principaux Etats concernés. Mais le gouvernement français se heurte au refus de certains gouvernements étrangers — peu désireux de voir revenir des flux importants de leurs ressortissants — de négocier des accords de réinsertion. Ce sont les licenciements massifs intervenus dans le secteur de l'automobile en 1983, qui touchent un nombre important d'étrangers, qui vont contraindre le gouvernement à instituer unilatéralement un dispositif nouveau d'aide à la réinsertion.

2. **Les principes.** — Le dispositif mis en place en étroite concertation avec les partenaires sociaux repose sur le respect du volontariat et comporte trois volets : une aide publique créée par le décret n° 84-310 du 27 avril 1984, des mesures spécifiques prévues par le dernier employeur, qui sont précisées par convention conclue entre ce dernier et l'Etat ou l'Office des Migrations internationales ; une aide conventionnelle du régime d'assurance chômage, qui est versée en une fois aux bénéficiaires de l'aide publique. Pour bénéficier de l'aide publique à la réinsertion et, partant, de l'aide conventionnelle du régime d'assurance chômage, le candidat dont l'employeur a passé la convention susmentionnée, doit être involontairement privé d'emploi depuis moins de six mois à la date de sa demande. Il doit également présenter un projet de réinsertion soumis à l'agrément de l'Office des Migrations internationales. L'examen de ce projet se fait, éventuellement, avec la collaboration des missions de l'Office implantées dans les principaux pays d'émigration. L'aide publique consacrant un retour définitif dans le pays d'origine, la loi n° 84-622 du 17 juillet 1984 dispose que les étrangers qui en bénéficient perdent les droits attachés aux titres de séjour et de travail qu'ils détiennent. Les intéressés doivent donc restituer ceux-ci avant de partir. Il en résulte que le candidat ne doit pas avoir qualité pour prétendre à nouveau à la délivrance d'un titre de séjour au titre du regroupement familial ni pour obtenir de plein droit une autorisation de travail en raison de sa situation personnelle. Il ne peut, non plus, obtenir l'aide, s'il a la possibilité d'exercer en France une activité professionnelle salariée en vertu d'un régime de libre circulation ou d'assimilation au national. Ces dispositions ont pour effet d'exclure du champ d'application

de l'aide à la réinsertion les ressortissants des Etats membres de la CEE et les ressortissants centrafricains, gabonais, togolais, andorrans et monégasques.

3. **Les aides proposées.**

A) *L'aide publique* comprend trois éléments : l'aide au projet de réinsertion, d'un montant maximum de 20 000 F, est une allocation destinée à couvrir tout ou partie des dépenses engagées par le bénéficiaire pour sa réinsertion. Une partie de cette aide peut correspondre à la prise en charge de frais de formation en France, ou dans le pays d'origine, avec le cas échéant des financements complémentaires. S'y ajoutent une contribution aux frais de déménagement modulée en fonction des charges de famille (maximum 10 000 F) et la prise en charge des frais de voyage-retour du bénéficiaire, de son conjoint, et dans certains cas des enfants mineurs qui les accompagnent.

B) *L'aide conventionnelle de l'UNEDIC* est égale aux deux tiers des droits conventionnels ou du reliquat de ces droits au titre de l'allocation de base et de l'allocation de fin de droits, à la date prévue de restitution des titres de séjour et de travail. Elle est attribuée pour solde de tout droit au regard du régime d'assurance chômage. Elle ne peut être versée qu'aux seules personnes qui bénéficient de l'aide publique à la réinsertion. Son paiement se fait, selon le cas, soit dans le pays de retour, en monnaie locale, dans les missions de l'OMI, les ambassades ou les consulats de France, soit en France, par l'OMI, pour les travailleurs de certaines entreprises (notamment lorsqu'il y a achat de matériel en France).

C) *L'aide de l'entreprise.* — C'est l'originalité de ce dispositif que de comporter, en plus de ces aides, une aide spécifique versée par l'entreprise, dont la nature (allocation financière, formation professionnelle, remises pour l'achat de matériels), le montant et les modalités d'attribution sont variables et précisés dans une convention réinsertion conclue entre l'OMI et l'entreprise. Cette participation financière est payée en France par l'employeur. Globalement, ces différentes mesures représentent, par ménage et en moyenne, un capital unitaire de 90 000 F à 120 000 F.

D) *Problèmes connexes.*

a) La formation. — La formation préalable au départ constitue un facteur de réussite important de la réinsertion dans le pays d'origine. Elle est prise en charge soit par l'entreprise, dans le cadre de son plan social ou dans celui d'une convention passée avec l'OMI, soit par l'aide publique, soit par le FAS lorsqu'il s'agit de projets individuels.

4. **L'extension du dispositif.** — De nombreux demandeurs d'emploi étrangers se trouvant exclus du dispositif institué en 1984, un décret du 16 octobre 1987 a étendu le bénéfice de l'aide publique aux demandeurs d'emploi indemnisés par le régime d'assurance chômage depuis au moins trois mois à la date d'agrément de leur demande. Ils bénéficient de l'aide conventionnelle à la réinsertion du régime d'assurance chômage, mais non de celle de leur dernier employeur, en l'absence de convention.

Enfin, un arrêté du 7 juillet 1989 a ouvert la possibilité d'offrir aux salariés d'au moins 45 ans dans le cadre de conventions passées avec des entreprises, outre une aide à la réalisation d'un projet de réinsertion, le versement d'une rente dont le montant est fonction des dispositions de la convention, l'objectif étant d'assurer aux bénéficiaires un revenu décent selon les normes locales. Le service de cette rente cesse au soixantième anniversaire des intéressés. Ceux-ci perçoivent, en outre, les aides au voyage, au déménagement et au projet prévues par le dispositif d'aide publique.

5. **Bilan.** — Au 31 mars 1990, 30 759 étrangers (70 200 personnes avec les membres de leur famille) avaient bénéficié du dispositif mis en place en 1984. Mais la chute des demandes laisse prévoir pour l'avenir des perspectives très inférieures.

BIBLIOGRAPHIE

Sur l'histoire de l'Immigration : G. Tapinos, L'Immigration étrangère en France, 1946-1973, Paris, PUF, 1975.

Sur la réglementation applicable aux étrangers : Office des Migrations internationales, « Eléments du droit de l'Immigration ».

Ministère de la Solidarité, de la Santé et de la Protection sociale, Mémento de la réglementation applicable aux étrangers.

Sur les problèmes des jeunes immigrés : André Lebon et James Marange, « L'insertion des jeunes d'origine étrangère dans la société française », La Documentation française, mai 1982.

Ouvrages généraux :

Bernard Stasi, L'immigration : une chance pour la France, Robert Laffont, décembre 1984.

Françoise Gaspard et Claude Servan-Schreiber, La fin des immigrés, Ed. du Seuil, mars 1984.

Alain Griotteray, Les immigrés : le choc, Plon, décembre 1984.

Jacqueline Costa Lascoux, De l'immigré au citoyen, La Documentation française, 1989.

Christian Nguyen Van Yen, Droit de l'immigration, PUF, coll. « Thémis ».

TABLE DES MATIÈRES

Imprimé en France
Imprimerie des Presses Universitaires de France
73, avenue Ronsard, 41100 Vendôme
Février 1991 — N° 36 648